中国传统文化与工匠精神

主　编◎周树明　邓玉蓉

主　审◎刘永红

副主编◎黄仙花

编　委◎范　立　钟　勇　王雄姣　谷　娟

　　　　吴　雪　朱腊英　张　瑛

中南大学出版社
www.csupress.com.cn

·长沙·

图书在版编目（CIP）数据

中国传统文化与工匠精神／周树明，邓玉蓉主编.
长沙：中南大学出版社，2024.9.
ISBN 978-7-5487-6004-7

Ⅰ．K203；B822.9

中国国家版本馆 CIP 数据核字第 2024DP5552 号

中国传统文化与工匠精神

ZHONGGUO CHUANTONG WENHUA YU GONGJIANG JINGSHEN

周树明　邓玉蓉　主编

□出 版 人　林绵优
□责任编辑　周玉姣
□责任印制　唐　曦
□出版发行　中南大学出版社
　　　　　　社址：长沙市麓山南路　　　　　邮编：410083
　　　　　　发行科电话：0731-88876770　　传真：0731-88710482
□印　　装　长沙雅鑫印务有限公司

□开　　本	787 mm×1092 mm 1/16	□印张 13	□字数 226 千字	
□版　　次	2024 年 9 月第 1 版	□印次 2024 年 9 月第 1 次印刷		
□书　　号	ISBN 978-7-5487-6004-7			
□定　　价	38.00 元			

前　言

　　《中等职业学校语文课程标准(2020 年版)》明确指出，学生要在语文学习中"通过丰富的言语实践，逐步掌握祖国语言文字特点及其运用规律，形成个体的言语经验"，要"继承和弘扬中华优秀传统文化……培育劳动精神，弘扬劳模精神、工匠精神"。为了进一步落实课标要求，在教学实践中提升学生语文学科核心素养，让学生了解和传承中国传统工匠文化，编写一本落实"劳模精神工匠精神作品研读"语文教学任务的中职语文课程选修教材，是一件非常重要且有意义的事。

　　本教材从浩瀚的中国古代文化典籍中遴选了 50 多位工匠的发明故事。全书按照主人公的身份地位或工种类型分为十个单元。其中"中华三祖"因主人公的特殊身份自成单元。"鬼斧神工"涵盖建筑机械类；"百炼成钢"涵盖冶铁铸造类；"陶韵千秋"涵盖陶艺泥塑类；"文字之媒"涵盖造纸印刷类；"织锦纺绣"涵盖纺织印染类；"功在千秋"涵盖水利灌溉类；"天地有节"涵盖天文历法类；"妙手回春"涵盖中医医药类；"珍馐美馔"涵盖厨艺美食类。

　　基于"语言理解与运用"和"文化传承与参与"的学科核心素养培养目标，特别是对传统工匠文化的理解与传承，本教材在讲述每一类型的工匠故事时，分作了四个板块。一是"单元导读"。简单概括中国古代该类工种的基本情况以及本单元的阅读导向。二是"经典选读"。从文化典籍中选取一些呈现工匠故事的文言片段，并附注释。旨在指导学生读懂文本，提升语言理解与运用能力，体验中华传统文化的灿烂之美。三是"名匠之光"。对每位工匠的整体情况进行总结梳理与补充，并以叙议结合的方式挖掘每位工匠的精神之美。四是"匠心传承"。以单元为单位，阐述不同种类的工匠精神在新时代的变与不变，使学生理解与传承传统工匠文化，并结合自己所学做好人生职业规划。

鉴于编者水平有限，时间仓促，书中难免有不足之处，欢迎广大读者多提宝贵意见。

目 录

第一单元
中华三祖（百业基石）

单元导读

　　在历史的长河中，中华民族孕育了丰富多彩的文化瑰宝。其中，作为中华三祖的炎帝、黄帝和蚩尤，他们的故事都体现出了创造的力量，彰显了卓越的工匠精神。这些远古时代的伟大人物，不仅以其英勇和智慧著称，更以其对技术和文化的卓越贡献奠定了华夏文明的基石，而被后世传颂。

　　本单元将带领大家走进这三位伟大祖先的世界，通过史料了解他们的生平事迹、成就贡献以及工匠精神的具体体现，感受他们为中华民族文明进步所付出的艰辛努力，让我们在探寻中华三祖工匠精神的过程中，汲取智慧，传承精神，为实现中华民族的伟大复兴贡献自己的力量。

经典选读

炎 帝

（一）

【原文】

母曰任姒，有乔氏①之女，名女登，为少典②妃，游于华阳，有神龙首感女登于尚羊，生炎帝，人身牛首，长于姜水，因以氏焉。有圣德，以火承木，位在南方，主夏，故谓之炎帝。

——皇甫谧《帝王世纪》

【注释】

①有乔氏：又作"有蟜氏""有娇氏"。

②少典：伏羲和女娲之子、华胥氏之孙、炎帝和黄帝之父，原始社会时期有熊部落的首领。

【译文】

（神农氏的）母亲任姒是有蟜氏的女儿，名叫女登，是少典的妃子。她在华阳游玩，遇到一条神龙，在尚羊山有所感应，而后生下炎帝。（炎帝）长着人的身体、牛的头，他在姜水流域长大，于是以姜为氏。炎帝有极高的道德，以五行火德承继木德，方位为南方，四时主管夏，所以称他为炎帝。

（二）

【原文】

古者民茹草饮水①，采树木之实，食蠃蚌②之肉，时多疾病、毒伤之害。于是神农乃始教民播种五谷③，相土地宜燥湿肥垆高下，尝百草之滋味，水泉之甘苦，令民知所避就④。当此之时，一日而遇七十毒。

——刘安《淮南子·修务训》

【注释】

①茹草饮水：吃野草喝生水。

②蠃(luó)蚌(bàng)：泛指螺贝类动物。

③五谷：指稷(粟)、菽(豆)、黍、麦、稻，这里泛指农作物。

④避就：偏义复词，偏"避"，知所避也就知所就了。避指远离，就指接近。

【译文】

古时候，人们吃野草喝生水，采食树木的果实，吃螺贝的肉，当时人经常得疾病和受到有毒物体的伤害。由于这种情况，神农氏就开始教导人们播种各种农作物，观察土地，根据干燥湿润、肥沃贫瘠、地势高低(因地制宜)，品尝各种草的味道，水泉的甜与苦，让人们知道避开有害的。在这个时候，神农氏一天中遇到七十种毒。

(三)

【原文】

民有疾病，未知药石①，炎帝始味草木之滋，察其寒、温、平、热之性，辨其君、臣、佐、使之义，尝一日而遇七十毒，神而化之。遂作方书以疗民疾，而医道自此始矣。

——吴乘权等《纲鉴易知录》

【注释】

①药石：古时指治病的药物和砭石，泛指药物。

【译文】

百姓生了疾病，却不知道用药物来治疗，炎帝就开始尝遍百草的滋味，观察它们的寒、温、平、热等性状，辨别它们主治、辅助、兼治、引导的性能和作用，曾经一天遇到七十种毒，都神奇地被化解。于是(炎帝把他的观察和实践结果)写成方书来治疗百姓的疾病，医学之道也就从此开始。

(四)

【原文】

古之人民，皆食①禽兽肉。至于②神农，人民众多，禽兽不足。于是神农因③天之时，分地之利，制耒耜，教民农作，神而化之，使民宜之，故谓之神农也。

——班固《白虎通义》

【注释】

①食：名词作动词，吃。

②至于：古义为"到了……时候"，古今异义。

③因：依循，根据。

【译文】

古时人民都吃鸟类和野兽的肉。到了神农氏的时候，人口众多，鸟类和野兽的肉不够吃。于是神农氏根据自然时令，分辨土地的可利用条件，制作耒耜等农具，教人民从事农耕，教化他们，使人民适应（农业生活），因此称他为神农氏。

名匠之光

炎帝，是中国上古时期姜姓部落的首领，号神农氏，又号魁隗氏、连山氏、烈山氏，被尊为中华民族的始祖之一。炎帝出生于烈山，长于姜水，其母为有蟜氏女，名曰女登。炎帝少而聪颖，三天能说话，五天能走路，三年知稼穑之事。他的一生都在为百姓谋福祉，教百姓耕作，使得百姓能够丰衣足食。同时，他还尝遍百草，为百姓治疗疾病，被誉为"医药之神"。

炎帝不仅是一位伟大的领袖和医药的开创者，他在工匠技艺方面也有卓越的贡献。其中最为人所知的就是他发明了木制耒耜。在古代，农业生产是一项繁重而复杂的劳动。人们需要开发森林、垦辟土地、播种培土、灌溉施肥，直到收获产品。但当时并没有应用于各项劳动的工具，生产难以进行。炎帝观察自然，思考人类的需求，创造出了木制耒耜。这种农具既轻便又实用，极大地提高了农业生产效率，使得人们能够更好地耕作土地，收获更多的粮食。此外，炎帝还根据实际需要，发明了其他许多农具和器具，方便人们更好地进行生产和生活。他在工匠技艺方面的贡献不仅体现在农具的发明上，更体现在他对人类生活需求的深刻理解和满足上。

炎帝在工匠行业中的地位无疑是崇高的。他不仅是中国古代农业的开创者，更是一位具有卓越技艺的伟人。他的发明和创新，极大地推动了古代社会农业和手工业的发展。

经典选读

黄　帝

（一）

【原文】

黄帝者，少典之子[①]，姓公孙，名曰轩辕。生而神灵，弱而能言，幼而徇齐[②]，长而敦敏，成而聪明。

……获宝鼎，迎日推策[③]。举风后、力牧、常先、大鸿以治民。顺天地之纪，幽明之占，死生之说，存亡之难。时播百谷草木，淳化鸟兽虫[④]蛾，旁罗日月星辰水波土石金玉，劳勤心力耳目，节用水火材物。有土德之瑞，故号黄帝。

——司马迁《史记·五帝本纪》

【注释】

①子：后代。

②徇齐：思维敏捷。

③推策：以蓍草或竹筹推算历数。

④虫：虫豸。

【译文】

黄帝，是少典部族的子孙，姓公孙，名叫轩辕。他一生下来就很有灵性，在襁褓中就会说话，幼年时聪明机敏，长大后诚实勤奋，成年以后见闻广博，对事物看得透彻。

……黄帝获得上天赐给的宝鼎，于是观测太阳的运行，用占卜用的蓍草推算历法，预知节气日辰。他任用风后、力牧、常先、大鸿治理民众。黄帝顺应天地四时的规律，推测阴阳的变化，讲解生死的道理，论述存与亡的原因。他按照季节播种百谷草木，驯养鸟兽昆虫，所关注的事情，大到日月、星辰的运行，小到水波、土石、金玉的性能，几乎无所不包。心身耳目，饱受辛劳，有节度地使用山林川泽的物产。他即位时有土这种属性的祥瑞征兆，土色黄，所以号称黄帝。

（二）

【原文】

北门成①问于黄帝曰："帝张②《咸池》③之乐于洞庭之野，吾始闻之惧，复闻之怠④，卒闻之而惑。荡荡默默⑤，乃不自得⑥。"

帝曰："汝殆其然哉⑦！吾奏之以人⑧，征⑨之以天，行之以礼义，建之以太清⑩。四时迭起，万物循生；一盛一衰，文武伦经⑪；一清一浊，阴阳调和，流光其声；蛰虫⑫始作⑬，吾惊之以雷霆；其卒无尾，其始无首；一死一生，一偾⑭一起；所常无穷，而一不可待⑮。汝故惧也。

"吾又奏之以阴阳之和，烛之以日月之明；其声能短能长，能柔能刚，变化齐一⑯，不主故常⑰；在谷满谷，在坑满坑；涂郤⑱守神，以物为量。其声挥绰，其名高明。是故鬼神守其幽，日月星辰行其纪⑲。吾止之于有穷，流之于无止。予欲虑之而不能知也，望之而不能见也，逐之而不能及也；傥然⑳立于四虚之道㉑，倚于槁梧㉒而吟。目知穷乎所欲见，力屈㉓乎所欲逐，吾既不及，已夫！形充空虚，乃至委蛇㉔。汝委蛇，故怠。……"

——《庄子·天运》

【注释】

①北门成：人名，复姓北门，传说为黄帝之臣。

②张：演奏。

③《咸池》：古代乐曲名。

④怠：松弛。

⑤荡荡默默：心神不定而口不能言说。

⑥不自得：不能把握自己。

⑦汝殆其然哉：你恐怕会这样吧。殆，恐怕，大概。

⑧人：指人事。

⑨征：取法。

⑩太清：天道。

⑪伦经：秩序，条理。

⑫蛰虫：在泥土中冬眠的虫子。

⑬作：起。

⑭偾(fèn)：仆倒，这里指乐声沉寂。

⑮一不可待：全不可预料。

⑯齐一：遵循一定的节律。

⑰不主故常：不拘泥于旧规。

⑱郤：缝隙。

⑲纪：轨迹。

⑳傥然：无心的样子。

㉑四虚之道：四方没有边际的大道。

㉒槁梧：琴。一说矮几。因用梧桐木做，故名。

㉓屈：竭尽。

㉔委(wēi)蛇(yí)：随和应对的样子。

【译文】

北门成向黄帝问道："您在广漠的原野上演奏《咸池》，我初听时感到惊惧，再听时感到松弛，最后听到却感到迷惑了。心神不定而缄口不言，以至于无法把握自身。"

黄帝说："你恐怕会这样。我因袭人情来弹奏，取法于自然，运行以礼义，确立于天道。乐声犹如四季更迭兴起，万物顺应自然而生。忽盛忽衰，春季的生长和秋季的肃杀，秩序更迭。忽轻忽重，阴阳调和，声光交错流溢。冬眠的虫子开始活动，我用雷霆之声惊动它们。乐声终结时没有结尾，乐声初起时没有前奏。忽而消失忽而迭起，忽而低沉忽而高亢，变化无穷而全不可预料。所以你感到惊惧。

"我又演奏起阴阳调和的乐声，用日月之光来照耀。乐声能短能长，能柔能刚，变化遵循一定的节律，不拘泥于旧规常态。传入山谷，山谷充盈，传入大坑，大坑充盈，杜绝纷扰而凝守心神，受益大小因物而异。乐声悠扬，节奏高亢明快。所以鬼神守其幽隐，日月星辰按自己的轨迹运行。我把乐声停留在一定的境界中，而它的余韵却流播于无穷的天地。我想研究它却无法弄明白，想审视它却看不见，想要抓住它却无法赶上，茫然地置身于没有边际的大道，靠在槁梧木制成的几案上吟咏。目光穷竭于所想见的事物，精力穷竭于所要追求的大道。我已经赶不上了，那就算了吧！形体充盈而内心虚静，以至于随和应对。你能做到随和应对，所以感到松弛。……"

名匠之光

　　黄帝，据传说生于轩辕之丘，故又称轩辕氏。他被认为是中华民族的始祖之一，为中华文明的形成和发展做出了巨大贡献。他善于观察自然现象，并从中获取灵感。例如，当他看到草帽滚动时，便萌生了造车的想法。他号召部落民众，共同制造出了车辆，后来又不断改进，大大提高了生产力和生产效率。黄帝造车的典故至今仍在民间广为流传。此外，黄帝制作衣裳，挖掘水井，发明弓箭等，推动了古代社会的发展。同时，黄帝也是一位伟大的军事家，他的军事策略和智慧在古代的战争中发挥了重要作用。凭借这些，他统一了中原地区，成为中华文明的缔造者之一。

　　战国时问世、西汉编定的《黄帝内经》虽然以"黄帝"命名，但其内容并非直接出自黄帝时期，而是融合了黄帝时代的文化、哲学和医学思想，是历代医学家和学者在总结前人经验和理论的基础上不断增补和发展而来。其名称中的"黄帝"并非指个人，而是象征着中国古代的黄帝文化。黄帝作为中华民族的始祖之一，被视为中华文明的象征，因此其名字被用来体现这部医学著作的权威性和悠久的历史。《黄帝内经》中蕴含的内容和思想与黄帝时代的文化和智慧也紧密相关。如，书中提到的阴阳五行、天人合一等思想，都是基于黄帝时代的哲学和医学理念。

经典选读

蚩 尤

（一）

【原文】

蚩尤以金作兵器。

——佚名《世本》

【译文】

蚩尤用铜制作兵器。

（二）

【原文】

修教十年，而葛卢之山①发而出水，金从之。蚩尤受而制之，以为剑、铠、矛、戟②。是岁相兼③者诸侯九。雍狐之山发而出水，金从之。蚩尤受而制之，以为雍狐之戟、芮戈。是岁相兼者诸侯十二。

——《管子·地数篇》

【注释】

①葛卢之山：传说中的山名。

②剑、铠、矛、戟：泛指各种兵器。

③相兼：相互兼并。

【译文】

黄帝行此禁令后的第十个年头，葛卢山山洪过后，露出金属矿石。蚩尤接管并控制了这一地区，用矿石制造了剑、铠、矛、戟。这年兼并了九个诸侯国。雍狐山山洪过后，露出金属矿石。蚩尤又接管并控制起来，制造了雍狐之戟和芮地之戈。这年兼并了十二个诸侯国。

（三）

【原文】

黄帝之时①，以玉为兵②。蚩尤之时③，烁金为兵④，割革为甲⑤，始制五兵⑥，建旗帜⑦，树夔鼓⑧，以佐军威⑨。

——李筌《太白阴经·战攻具类·器械篇》

【注释】

①黄帝之时：指黄帝统治的时期。

②以玉为兵：用玉石制作兵器。兵，兵器。

③蚩尤之时：指蚩尤活跃的时期。蚩尤，传说中与黄帝相对立的部族首领。

④烁金为兵：将金属熔炼后制作兵器。烁金，熔炼金属。

⑤割革为甲：割取皮革制作铠甲。革，皮革。甲，铠甲。

⑥始制五兵：开始制作五种兵器。五兵，具体指哪五种兵器在不同文献中

说法不一，通常泛指各种兵器。

⑦建旗帜：竖起旗帜。旗帜，用作军队标志的旗子。

⑧树夔鼓：设置夔鼓。夔鼓，传说中用夔兽皮制作的鼓，声音洪亮，用以指挥军队、助威。

⑨以佐军威：用来辅助增强军队的威势。佐，辅助。军威，军队的威严和气势。

【译文】

在黄帝统治的时期，人们用玉石来制作兵器。而到了蚩尤活跃的时期，人们开始熔炼金属制作兵器，割取皮革制成铠甲，并且首次制造了五种兵器。他们还竖起了旗帜，设置了夔鼓，用这些来帮助增强军队的威严和气势。

名匠之光

蚩尤是上古时代九黎部落联盟的首领，生活在黄河中下游和长江中下游一带，是面对海、河而生长起来的部落。此外，他也被认为是山东西南部人，是上古十大魔神之首，是汉民族三大种族群之一东夷部落的首领。

蚩尤在传说中被描绘为面如牛首，背生双翅，有着兄弟八十一人，他们的部落以金属(铜)为兵器，所制造的兵器锐利无比，威震四方。在战争中，他们凭借自己的兵器，运用出人意料的技巧，击败了无数的敌人。

此外，蚩尤在物质文明和工艺制造方面也有显著的贡献。他率领的九黎部落联盟是当时三大部落联盟中最强大的。借助当地的地理、气候、水源等优越条件，他们发明了谷物种植，由采集、渔牧、游牧向农业发展，推动了古代文明的进步。此外，蚩尤还是金属冶炼和金属兵器制造的最早发明者，他以铜为原料，制作剑、铠、矛、戟，推动了金属工艺的发展。他的成就和贡献，对于古代文明的发展和进步产生了深远的影响。

匠心传承

　　传统文化中，炎帝、黄帝、蚩尤是中华文明的始祖。这些古代伟大的工匠们，通过自己的努力和智慧，为后世留下了丰富的发明和创造，为中华民族的发展做出了巨大的贡献。

　　这三位古代工匠的故事，都体现了工匠精神的内涵：执着专注、精益求精、一丝不苟、追求卓越。他们的发明和创造，不仅为后世提供了丰富的物质财富，还传承了一种追求卓越、勇于创新的精神财富。这种精神，正是中华民族在漫长历史长河中不断前进、不断发展的重要动力。其精神传承至今，影响着无数中华儿女。这种精神在今天的科学家身上得到了充分体现。

　　以袁隆平为例，他被誉为"杂交水稻之父"，是中国杂交水稻事业的开发者和领导者。袁隆平先生以坚定的信念和不懈的努力，攻克了杂交水稻这一世界性难题。他深入田间地头，从实践中找答案，不怕脏、不怕累，对每一个细节都进行严格的把控。正是这种精益求精、追求卓越的工匠精神，使得他最终成功培育出了高产、优质的杂交水稻，为解决中国乃至世界的粮食问题做出了巨大贡献。

　　此外，像屠呦呦这样的科学家也诠释了工匠精神的内涵。她在研究青蒿素的过程中，面对重重困难，没有放弃，而是坚持不懈地探索。她翻阅历代本草医籍，四处走访老中医，甚至连群众来信都没放过，最终成功提取出青蒿素，为抗击疟疾做出了重要贡献。这种执着专注、一丝不苟的精神，正是工匠精神的生动体现。

　　工匠精神不仅体现在科学家们的研究成果上，还体现在他们对待科研的态度和精神风貌上。他们用自己的实际行动诠释了什么是真正的工匠精神，也为后人树立了榜样。

在今天这个科技日新月异的时代，我们依然需要继承和发扬这种工匠精神。只有具备执着专注、精益求精、一丝不苟、追求卓越的精神品质，我们才能在各自的领域里保持对未知的探索精神，追求卓越和创新，取得更大的成就，为推动社会进步和发展做出更大的贡献，为中华民族的伟大复兴贡献自己的力量。

第二单元

鬼斧神工（建筑机械）

单元导读

　　在中国古代，建筑机械相对原始，但已有一些重要发明。例如，杠杆、滑轮和斜面等简单机械被广泛应用于建筑施工中。在汉代，已经出现了利用人力或畜力的机械，如翻车等，减轻了地形对耕地的制约。明清时期是中国古建筑发展的高峰，这一时期的建筑机械仍以传统方式为主，但也出现了更复杂的施工技术，如使用模块化的构件和标准化的尺寸，使得建筑施工更加高效和精确。20世纪中叶以来，特别是改革开放后，中国建筑机械行业经历了快速发展，引进了大量国外先进技术和管理经验，并逐步形成了自己的研发和制造体系。建筑机械不仅在技术上推动了中国建筑业的进步，而且深刻影响了中国的文化传统和社会变迁。从古代到现代，建筑机械的发展见证了中国社会的成长和文化的演变。

　　本单元选取了9位著名的建筑机械类工匠，比如被后世誉为建筑业鼻祖的鲁班，他不仅在建筑领域有巨大成就，还在军事科学、航天等方面有所发明创造，在机械方面也有很深的造诣。古代传说中技艺高超的匠石以匠石斫鼻的故事激励着后人追求精益求精的工匠精神。墨家学派的创始人墨子，除了哲学思想外，还精通机械制作和防御。春秋战国时期建筑工匠梓庆，虽然关于他的记载不多，但同样在古代建筑领域中留下了自己的足迹。东汉时期的天文学家、地理学家张衡，是杰出的发明家，制造了地动仪等精密仪器。三国时期杰出的发明家、机械工程师马钧，改进了农业机械，如水车和织布机。南朝宋齐之际的数学家、天文学家祖冲之，改进了历法，对科学技术有着重要影响。隋朝的李春设计并建造了著名的赵州桥，该桥采用了创新的开敞式拱形设计，是古代桥梁工程的杰出代表。唐代著名建筑师喻皓，擅长寺庙建筑，其代表作包括天宫寺塔等。明代著名建筑家蒯祥，曾主持修建北京故宫等重大工程。

经典选读

鲁　班

（一）

【原文】

　　公输子削竹木以为鹊[1]，成而飞之，三日不下。公输子自以为至巧[2]。子墨子谓公输子曰："子之为鹊也，不若翟[3]之为车辖[4]。须臾刘[5]三寸之木，而任[6]五十石[7]之重。故所为巧，利于人谓之巧，不利于人谓之拙[8]。"

——《墨子·鲁问》

【注释】

①鹊：喜鹊。

②巧：技艺高超。

③翟（dí）：墨子，名翟。

④辖：安在车轴末端的部件，固定车轮与车轴位置。

⑤刘：本义为杀戮，此处引申为用刀削刻。

⑥任：担负，承担。

⑦石（dàn）：古代容量计算单位，十斗为一石。

⑧拙：笨，与"巧"相对。

【译文】

公输班削竹木做成了一个喜鹊，让它飞上天空，三日不落。公输班认为这是最巧不过的了。墨子对公输班说："你这样做喜鹊，不如我做车辖，片刻间我便能削刻好三寸的木料，并且能让它承载五十石的重量。因此所谓巧妙，对人有利的叫作巧妙，对人无利的就叫作笨拙了。"

（二）

【原文】

离娄①之明②，公输子之巧，不以规③矩④，不能成方员⑤。

——《孟子·离娄上》

【注释】

①离娄：人名，传说中的视力特别强的人。

②明：视力好。

③规：圆规。

④矩：曲尺，画直角或方形的工具。

⑤员：通"圆"。

【译文】

即使有离娄那样敏锐的视力，有公输班那样高超的技艺，如果不使用圆规和曲尺，也画不出方形和圆形。

（三）

【原文】

儒书称鲁般①、墨子之巧，刻木为鸢，飞之三日而不集②。夫言其以木为鸢飞之，可也；言其三日不集，增③之也。夫刻木为鸢，以象鸢形，安能飞而不集乎？既能飞翔，安能至于三日？如审④有机关，一飞遂⑤翔，不可复下，则当言遂飞，不当言三日。犹世传言曰："鲁般巧，亡其母也。"言巧工为母作木车马、木人御者，机关备具，载母其上，一驱不还，遂失其母。如木鸢机关备具，与木车马等，则遂飞不集。机关为须臾间，不能远过三日，则木车等亦宜^⑥三日止于道路，无为径^⑦去^⑧以失其母。二者必失实者矣！

——王充《论衡·儒增》

【注释】

①鲁般：约公元前507年—前444年，姬姓，公输氏，名班，人称公输盘、公输般、班输，尊称公输子，又称鲁盘或者鲁般，惯称鲁班，战国时期鲁国人（一说鲁班为敦煌人）。

②集：泛指鸟降落或栖止。

③增：扩大。

④审：确实，的确。

⑤遂：表示最后的结果，终于，到底。此处可译为"一直""长久地"。

⑥宜：应该。

⑦径：径直，直接。

⑧去：离去，离开。

【译文】

儒者的书上称赞鲁班和墨子技艺高超，用木头雕刻成老鹰，飞了三天不会落下来。说他们用木头做成老鹰会飞，是可能的；说它飞了三天不下来，就是夸大。用木头雕刻成老鹰，就因为仅仅像老鹰的样子，怎么能飞上天就不下来了呢？既然会飞翔，怎么能达到三天之久呢？如果真有机关，飞上天就一直翱翔，不会再落下来，那么该说终于能一直翱翔，不该说三天不落下来。像社会上流传的话说的："鲁班技艺高超，丢失了他的母亲。"这是说巧工鲁班为他母亲做木车马、木车夫，机关完全齐备，那上面坐着他母亲，车一跑就不回来了，鲁班终于失去了他母亲。如果木老鹰机关完备，跟木车马一样，那么就会飞上天不下来。实际上，机关只能在很短时间内起作用，不会超过三天，那么木车马等也该三天内在路上停下来，不会一去不回因此而丢失鲁班的母亲。看来这两件事一定都不符合真实情况。

（四）

【原文】

公输之刻凤也，冠①距②未成，翠羽③未树。人见其身者，谓之龙鸱④；见其首者，名曰鹡鸰⑤。皆訾⑥其丑而笑其拙。

及凤之成，翠冠云⑦耸，朱距电⑧摇，锦身霞散，绮翮⑨焱⑩发，翙⑪然一翥⑫，翻翔云栋，三日而不集。然后赞其奇而称其巧。

——《刘子·知人》

【注释】

①冠：鸟类头顶上突出的肉或翎毛。

②距：禽类附足骨，即爪后突出像脚趾的部分。

③翠羽：翠绿的羽毛。

④龙鸱(chī)：猫头鹰一类的鸟。

⑤鹡(wū)鸰(zé)：鸟类，鹈鹕的别名。

⑥訾：嘲笑。

⑦云：像云彩一样。

⑧电：像闪电一样。

⑨绮翮(hé)：鲜艳的翅膀。

⑩焱(yàn)：火焰，火花。

⑪翙(huì)：鸟飞的声音。

⑫翥(zhù)：鸟飞。

【译文】

鲁班雕刻凤凰，凤凰的冠和爪还没有雕成，翠绿的羽毛也没有刻好，别人看见那凤凰的身子，说它像龙鸱；看见它的头，称那是鹡鸰。大家都耻笑它的丑和鲁班的笨拙。

等到凤凰雕刻完成，翠绿的凤冠像云一样高耸，朱红的爪像电一样闪动，锦绣一样的身子像霞光一样放光，绸缎一样的羽毛像火花一样灿烂，翙的一声腾飞，在雕有云图的屋梁上翻飞，三天不落下来。这时人们又称赞它的神奇和他的技艺高超。

名匠之光

　　鲁班是中国古代工匠的杰出代表，被称为"百工之祖"。《墨子》《孟子》《吕氏春秋》《水经注》等众多中国古代典籍中均有关于鲁班的记录。这些作品均没有单独为鲁班立传，而是借鲁班其人其事或说理，或辨误，或述异，或论政。但是，从中我们可以窥见鲁班对中国文化深远的影响力。

　　事实上，还有众多史料中记录了鲁班的故事。民间流传的关于鲁班的传说更是无数。从这些史料和传说来看，鲁班的发明有很多。木工工具有锯子、曲尺、墨斗、刨子等；古代兵器有云梯和钩强；农业机具有砻、磨、碾子。鲁班的每一项发明都是在生产实践中得到启发，经过反复研究、试验得到的。在中华传统文化深厚的土壤里，鲁班已经成为中国工匠文化的符号和中华智慧的化身。弘扬鲁班精神，成为中华民族集体无意识记忆和中华优秀传统文化的有机组成部分。为了启民智、润民心、化民风于无形，在一代代匠人中间形成激励效应，在中国历史上，中华大地上曾建起无数的鲁班祠、鲁班庙，将鲁班纳入行业圣贤进行祭拜，形成一种浓厚的行业文化。1996 年，建设部将原来的"国家优质工程奖"与"建筑工程鲁班奖"合并，命名为"中国建筑工程鲁班奖（国家优质工程）"。鲁班成为国家建筑工程最高奖的文化标签。2008 年，"鲁班传说"被列入第二批国家级非物质文化遗产名录。2015 年，天津市教委启动鲁班工坊项目，搭建世界产教联盟平台，开创产业经济新模式，树立职教新标杆，拉动一方经济，造福世界人民。现如今鲁班工坊已经成为继孔子学院之后我国的另一个文化输出的成功案例，已成为世界级文化品牌和产教名片。

　　从新时代的视角审视鲁班和鲁班的故事，我们要充分领悟其深刻而丰富的内蕴，发挥其价值。一是鲁班乐业求精、锐意开拓的专注与创新精神。这些精神，展现出与传承中华优秀传统文化、弘扬大国工匠精神和高质量发展的战略高度契合。二是鲁班传说具有强大的文化育人功能，是我们不可多得的优质思政课程资源。

经典选读

匠 石

（一）

【原文】

郢人垩①慢③其鼻端若蝇翼，使④匠石斫⑤之。匠石运⑥斤⑦成风，听⑧而斫之，尽垩而鼻不伤，郢人立不失容。宋元君⑨闻之，召匠石曰："尝试为⑩寡人为之。"匠石曰："臣则尝能斫之。虽然⑪，臣之质⑫死久矣。"自夫子⑬之死也，吾无以为⑭质矣！吾无与言之矣。

——《庄子·徐无鬼》

【注释】

①垩(è)：白土。

③慢：通"墁"，涂抹。

④使：让，要求。

⑤斫：砍削。

⑥运：挥动，抡。

⑦斤：斧子一类的工具。

⑧听：任，听任。

⑨宋元君：宋元公，宋平公之子。

⑩为：给，替。

⑪虽然：即使这样。

⑫质：箭靶，指借以施展技术的对象。引申为搭档，此指郢人。

⑬夫子：先生，这里指惠施。

⑭为：做。

【译文】

郢地有个人将像蚊蝇的翅膀那样大小的白土涂抹在他的鼻尖上，让一个名叫石的匠人用斧子砍削掉这一小白点。石像风一般挥动斧子，郢地的人站在那里任凭他砍削。鼻尖上的白泥完全除去而鼻子却一点儿也没有受伤，郢地的人站在那里也若无其事不失常态。宋元君听说了这件事，召见匠人石说："请你试着为我表演一次。"匠人石说："我确实曾经能够砍掉鼻端白泥，即使这样，但我施技的搭档已经死去很久了。"自从惠施先生死去之后，我没有施技的人了！我也没有可以与之谈话的人了！

（二）

【原文】

凡用旧合机①，不啻②自其口出；引事乖谬，虽千载而为瑕。陈思③，群才之英也，《报孔璋书》云："葛天氏④之乐，千人唱，万人和，听者因以蔑韶⑤、夏⑥矣。"此引事之实谬也。按葛天之歌，唱和三人⑦而已。相如《上林》云："奏陶唐⑧之舞，听葛天之歌，千人唱，万人和。"唱和千万人，乃相如推之。然而滥侈⑨葛天，推三成万者，信赋妄书，致斯谬也。陆机《园葵》诗云："庇足同一智，生理合异端⑩。"夫葵能卫足，事讥鲍庄；葛藟庇根，辞自乐豫⑪。若譬葛为葵，则引事为谬；若谓庇胜卫，则改事失真：斯又不精之患。夫以子建明练，士衡⑫沉密⑬，而不免于谬。曹洪之谬高唐，又曷⑭足以嘲哉！夫山木为良匠所度⑮，经书为文士所择，木美而定于斧斤，事美而制于刀笔⑯，研思之士，无惭匠石矣。

——刘勰《文心雕龙·事类》

【注释】

①合机：切合事理，指恰当得体。

②不啻（chì）：无异于。

③陈思：陈思王曹植。

④葛天氏：传说中古代部落的首领。

⑤韶：指韶乐，相传是舜时的音乐。

⑥夏：指大夏乐，相传是禹时的音乐。

⑦唱和三人：《吕氏春秋·古乐篇》中有"昔葛天氏之乐，三人操牛尾投足以歌八阕"。

⑧陶唐：帝尧，史称陶唐氏。陶，古地名，在今山东省定陶县西北，相传

尧初居此处，故称为陶唐氏。

⑨侈：夸大。

⑩"庇足"二句：诗原文为"庇足同一智，生理各万端"（庇护其足只不过是一种智慧而已，但生存的道理却是各有差异，千变万化的）。合异，当是"各万"之误。

⑪"葛藟庇根"二句：《左传·文公七年》载，"宋昭公将去（杀掉）群公子。乐豫曰：'不可。公族，公室之枝叶也。若去之，则本根无所庇荫也。葛藟犹能庇其本根……况国君乎"。葛藟，葛藤，葡萄科。藟，藤类植物。乐豫，宋国司马。

⑫士衡：陆机的字。

⑬沉密：深沉细密。

⑭曷：何。

⑮度：度量。

⑯刀笔：古代记事用刀刻于龟甲或竹木上，后以笔写，用刀削误。这里泛指书写工具。

【译文】

凡引用故事得当恰切的，无异于像自己说的话一样自然；如果引用事例错误，虽然流传千年也还是毛病。陈思王曹植，是许多才士中的杰出人物，他在《报孔璋书》中说："葛天氏之乐，千人唱，万人和，听者因以蔑韶、夏矣。"这样引用事例实在是错误的。考查一下葛天氏的歌，唱与和者只有三人而已。司马相如在《上林赋》中说："奏陶唐之舞，听葛天之歌，千人唱，万人和。"说唱和者千万人，不过是司马相如推测出来的，而讹滥地浮夸葛天氏的歌曲，把三个人推说成万人，是轻信司马相如《上林赋》中的虚妄说法，以致造成了上面引文中的谬误。陆机在《园葵》诗中说："庇足同一智，生理各异端。"说葵能卫护自己的脚，是孔子讥讽鲍庄刖足的话；说葛藤能庇护本根，则是乐豫反对驱逐公族的比喻，如果以葛藤能庇护本根来类比葵能卫护自己的脚，那么这种引用便是谬误的；如果说"庇"字比"卫"字好，那么就会因改动引文而失却真实：这又是不够精确所带来的毛病。像曹子建那样明智练达的人，像陆士衡那样深沉细密的人，都难免有错误。那么曹洪错误地引用高唐的典故，又哪里还值得嘲笑呢！山上的树木为优秀的工匠所量度，经典著作为文人学士所摘取。美好的木材取决于斧斤的采伐，优美的事例取决于刀笔的运用。能这样研虑运思的学

21

士，也就无愧于运斤如风的工匠石了。

（三）

【原文】

匠石之齐，至乎曲辕，见栎社树①。其大蔽数千牛，絜②之百围③；其高临山十仞而后有枝，其可以为舟者旁④十数。观者如市，匠伯不顾，遂行不辍。弟子厌观之，走及匠石，曰："自吾执斧斤以随夫子，未尝见材如此其美也。先生不肯视，行不辍，何邪？"曰："已矣，勿言之矣！散木也。以为舟则沉，以为棺椁⑤则速腐，以为器则速毁，以为门户则液樠⑥，以为柱则蠹⑦。是不材之木也，无所可用，故能若是之寿。"

——《庄子·人间世》

【注释】

①栎(lì)社树：栎树，被拜为土地神的栎树。栎，树名。

②絜(xié)：用绳子度量围长。

③围：两臂合抱或两手拇指、食指相合为一围。

④旁：且，将近。

⑤椁：指棺外的套棺。

⑥液樠(mán)：汗液渗出的样子。

⑦蠹(dù)：虫子蛀蚀。

【译文】

有个姓石的木匠到齐国曲辕，看见被人们拜为土地神树的栎树。那棵树非常高大，树荫可以遮蔽数千头牛，测量它的树干，足有百尺之围，树高达山顶，几丈高后才长树枝，可以用来造船的树枝都有几十根。参观它的人如同在赶集。这位匠人不去看它，却不停向前走，他的徒弟在那看够了跑着赶上木匠说："自从我拿着斧子跟随您做木工，还没有见过这么大的树，先生却不肯看一眼，向前走个不停，这是为何呢？"木匠回答说："算了，不要再说了！那木头是无用之物，做成船它会沉没，做成棺材它会很快地腐朽，做成器具它很快会毁坏，做成门户它会像树一样流出污浆，做成柱子它会被虫子蛀蚀。这是一棵不能成材的树木，没有一点用处，所以才有这么长的寿命。"

名匠之光

匠石作为《庄子》中的一则寓言中的人物，他的故事用于说明极高的技艺和对事物的精确掌握。在故事中，匠石能够凭借听觉而非视觉来去除别人鼻尖上的白土，展示了其非凡技艺。"匠石"这个名字后来也被泛指能工巧匠或擅长写作的人。在文学和艺术领域，人们常用"匠石运斤"来形容那些技艺高超、造诣深厚的艺术家或工匠。

匠石是中国古代文化中一个典型的技艺超群的工匠形象，匠石能够凭借感觉而非视觉来去除鼻尖上的白土，展示了他对工艺技术的精湛掌握和对工具运用的高度熟悉。他的成功不是偶然的，而是长期实践和经验积累的结果。这一点突出了在古代社会，经验丰富的匠人对于社会发展的重要性。面对极具挑战的任务，匠石没有犹豫不决，而是大胆且果断地完成了。这种勇气和信心是完成高难度任务所必需的。故事中的匠石全神贯注于工作，展现了极高的职业专注度和专业精神。郢人对匠石的信任以及匠石对郢人定位精准的信任，显示了良好的合作关系和相互信赖是完成复杂任务的关键。这个故事也常被用来启示后人，任何技能的掌握都需要通过长时间的学习和实践，才能达到熟练甚至成为艺术的境界。

匠石的形象不仅代表了中国古代工匠的智慧和才能，还体现了中国传统文化中重视实践经验、敬业精神的文化特点。他的故事激励着后人追求精益求精的工匠精神，同时也提醒人们，在任何领域，专业技能的提升都离不开持续的学习和实践。

经典选读

墨 子

（一）

【原文】

子墨子曰：天下从事者，不可以无法仪①。无法仪而其事能成者，无有也。虽至士之为将相者，皆有法。虽至百工从事者，亦皆有法。百工为方以矩，为圆以规，直以绳，正以县②。无巧工不巧工，皆以此五者为法③。巧者能中之，不巧者虽不能中，放④依以从事，犹逾己⑤。故百工从事，皆有法所度⑥。今大者治天下，其次治大国，而无法所度，此不若百工辩⑦也。

——《墨子·法仪》

【注释】

①法仪：标准，规范，方法，法则，规律。《说文》："法，刑也。平之如水，从水。""仪，度也。"

②正以县：测量垂直与否，以悬挂重物的铅垂线为标准。正，垂直。县，通"悬"，悬垂。

③此五者为法：从孙诒让说，除"为方以矩""为圆以规""直以绳""正以县"外，还有"平以水"。

④放：通"仿"，仿效，仿照，模仿。

⑤逾己：胜过自己的臆测。逾，超过。己，自己的主观臆测。

⑥度（duó）：衡量。

⑦辩：明智。

【译文】

墨子说：天底下办事的人，不能没有法则；没有法则而能把事情做好，是从来没有的事。即使士人做了将相，他也必须有法度。即使从事各种行业的工匠，也都有法度。工匠们用矩画方形，用圆规画圆形，用绳墨画直线，用悬锤定好偏正，（用水平器制好平面）。不论是巧匠还是一般工匠，都要以这五者为法则。巧匠能切合五者的标准，一般工匠虽做不到这样水平，但仿效五者去做，还是要胜过自身的能力。所以工匠们制造物件时，都有法则可循。

（二）

【原文】

子墨子言①见染丝者而叹曰："染于苍②则苍，染于黄则黄。所入者变，其色亦变。五入必③而已④，则为五色矣。故染不可不慎也。"非独染丝然也，国亦有染。

——《墨子·所染》

【注释】

①言：助词，没有意义。也可能是衍文。

②苍：青色。

③必：通"毕"，完毕。

④而已：语气词，相当于"罢了"。

【译文】

墨子看见有人在染丝，叹息道："放到青色的染缸里就成了青色；放到黄色的染缸里就成了黄色。染料变了，丝的颜色也变了。把丝投到五种不同颜色的染缸里，它就会带上五色了。因此染丝不能不谨慎从事啊。"并非唯有染丝是这样，一个国家也存在染色的问题啊。

名匠之光

墨子（约前468—前376），名翟，籍贯不详，有传说是宋国人，后长期住在鲁国。墨子是我国战国时期著名的思想家、教育家、科学家、军事家、社会活动家。墨家学派的创始人，创立墨家学说。

《墨子》是战国时期的哲学著作，由墨子自著和弟子记述墨子言论两部分组成。他的思想和学说在中国文化中占有重要地位。同时他也提倡工匠精神，为后世工匠们提供了强大的精神支持。除去介绍鲁班的《墨子·鲁问》中有造过类似滑翔机的木鸢等机械文献记载外，本单元选录了《墨子》的两篇文章，着重体现他对技艺的追求和对工作的态度。他主张"巧者能中之，不巧者虽不能中，仿依以从事，犹逾己"，认为技艺的精湛是每个工匠都应追求的目标。同时，墨子也强调了工作态度的重要性，认为"志不强者智不达，言不信者行不果"，只有对自己的工作怀有坚定的信念和执着的追求，才能达到技艺的巅峰。

中国首颗空间量子科学实验卫星被命名为"墨子号"就是为了纪念古代中国哲学家墨子，同时也是对他在光学和科学领域所做出的贡献的一种体现。此外，将卫星命名为"墨子号"也是对中国古代思想、智慧和科学传承的一种象征，体现了对中国古代文化和科学的认可和重视。通过这种方式，中国向世界展示了对自身古代文化和科学传统的承继，并表达了自己在现代科技领域取得的成就的自豪感。

经典选读

梓 庆

【原文】

梓庆①削木为镰②，镰成，见者惊犹鬼神③。鲁侯见而问焉，曰："子何术以为焉？"

对曰："臣，工人，何术之有？虽然，有一焉。臣将为镰，未尝敢以耗气也，必齐以静心。齐④三日，而不敢怀庆赏爵禄；齐五日，不敢怀非誉巧拙；齐七日，辄⑤然忘吾有四枝⑥形体也。当是时也，无公朝⑦，其巧专而外骨消⑧。然后入山林，观天性⑨。形躯至矣，然后成见⑩镰，然后加手⑪焉。不然则已。则以天合天。器之所以疑神者，其是与⑫！

——《庄子·达生》

【注释】

①梓(zǐ)庆：名庆的木匠。梓，梓人，木匠。庆，人名。

②镰(jù)：古代悬挂钟磬等乐器的木架。

③惊犹鬼神：惊讶地认为犹如鬼神所造。极言其技艺精湛巧妙。

④齐（zhāi）：通"斋"，斋戒，素食洁身，排除杂念。

⑤辄：就，便。

⑥枝：通"肢"，肢体。

⑦无公朝：心中没有公家朝廷，好像不是为官府做镰。

⑧其巧专而外骨消：技巧专一而外扰消失。骨，通"滑"，乱，扰乱。

⑨观天性：观察树木的质地。

⑩见：通"现"，显现，呈现。

⑪加手：加以施工。

⑫与：通"欤"，表感叹语气的助词，可译为"吧"。

【译文】

梓庆能削刻木头做镰，镰做成以后，看见的人无不惊叹好像是鬼神所造。鲁侯见到便问他，说："你用什么办法做成的呢？"

梓庆回答道："我是个做工的人，会有什么特别高明的技术！虽说如此，我还是有一种本事。我准备做镰时，从不敢随便耗费精神，必定斋戒来静养心思。斋戒三天，不再怀有庆贺、赏赐、获取爵位和俸禄的思想；斋戒五天，不再心存非议、夸誉、技巧或笨拙的杂念；斋戒七天，已不为外物所动，仿佛忘掉了自己的四肢和形体。正当这个时候，我的眼里已不存在公室和朝廷，智巧专一而外界的扰乱全都消失。然后我便进入山林，观察各种木料的质地；选择好外形与体态最与镰相合的，这时业已形成的镰的形象便呈现于我的眼前，然后动手加工制作；不是这样我就停止做。于是木工的纯真本性融合木料的自然天性。制成的器物之所以疑为神鬼所造，恐怕也就是出于这一点吧！"

名匠之光

梓庆，春秋战国时期一位名叫庆的木工，鲁国的高级工匠。

梓庆能刻削木头制作成镰。镰是一种夹置在钟的旁边，形如猛兽的乐器。梓庆擅长雕刻木头制作乐器架，其作品之精妙，令见者惊叹不已，仿佛出自鬼神之手。据《庄子·达生》记载，他在制作镰时，会先进行长时间的斋戒，以达到心无旁骛的境界。他通过这种方式来净化心灵，忘却名利和外界的干扰，使自己的心与自然合一，进而创作出巧夺天工的作品。

梓庆的工艺不仅仅是技术的展示，更是对艺术的追求。他的作品中融入了对自然的观察和理解，使其具有了生命力和艺术感染力。其故事和作品至今仍然被传颂，体现了古代中国手工艺的高度发展和工匠精神的精髓。

经典选读

张 衡

（一）

【原文】

衡善机巧①，尤致思②于天文、阴阳③、历算④。……安帝雅闻⑤衡善术学⑥，公车特征⑦拜⑧郎中，再迁⑨为太史令⑩。遂乃研核⑪阴阳，妙尽璇玑之正⑫，作浑天仪⑬，著《灵宪》⑭《算罔论》⑮，言甚详明。

——范晔《后汉书·张衡传》

【注释】

①机巧：设计制造机械的技艺。巧，技巧，技艺。

②致思：极力钻研。致，极，尽。

③阴阳：指日月运行规律。

④历算：指推算年月日和节气。

⑤雅闻：常听说。雅，副词，素来，常。

⑥术学：关于术数方面的学问，指天文、历算等。

⑦公车特征：公车特地征召。公车，汉代官署名称，设公车令。特征，对有特别突出的才德的人指名征召。

⑧拜：任命，授给官职。

⑨再迁：两次升迁。

⑩太史令：东汉时掌管天文、历数的官。

⑪研核：研究考验。

⑫妙尽璇玑之正：精妙地研究出测天文仪器的道理。妙尽，精妙地研究透了。璇玑，玉饰的测天仪器。正，道理。

⑬浑天仪：一种用来表示天象的仪器，类似天球仪。

⑭《灵宪》：一部历法书。

⑮《算罔论》：一部算术书。

【译文】

张衡善于器械制造方面的巧思，尤其在天文气象和历法的推算等方面很用心。……汉安帝常听说他擅长术数方面的学问，命公车特地征召他，任命他为郎中。两次迁升为太史令。于是，张衡就精心研究考核阴阳之学(包括天文气象历法诸种学问)，精辟地研究出测天文仪器的正确道理，制作浑天仪，著成《灵宪》《算罔论》等书，论述极其详细明确。

(二)

【原文】

阳嘉①元年，复造候风地动仪②。以精铜铸成，员③径八尺，合盖隆起④，形似酒尊，饰以篆文山龟鸟兽之形。中有都柱⑤，傍⑥行八道，施关发机⑦。外有八龙，首衔铜丸，下有蟾蜍，张口承之。其牙机巧制⑧，皆隐在尊中，覆盖周密无际。如有地动，尊则振龙机发吐丸，而蟾蜍衔之。振声激扬⑨，伺者⑩因此觉知。虽一龙发机⑪，而七首不动，寻其方面，乃知震之所在。验之以事⑫，合契若神。自书典所记，未之有也⑬。尝一龙机发而地不觉动，京师学者咸怪其无征⑭。后数日驿⑮至，果地震陇西⑯，于是皆服其妙。自此以后，乃令史官记地动所从方起⑰。

——范晔《后汉书·张衡传》

【注释】

①阳嘉：东汉顺帝刘保的年号(132—135)。

②候风地动仪：测验地震的仪器。

③员：通"圆"。

④合盖隆起：上下两部分相合盖住，中央凸起。隆，高。

⑤都柱：粗大的铜柱。都柱就是地动仪中心的震摆，它是一根上大下小的柱子，哪个方向发生地震，柱子便倒向哪边。都，大。

⑥傍：通"旁"，旁边。

⑦施关发机：设置关键(用来)拨动机件，意思是每组杠杆都装上关键，关键可以拨动机件(指下句所说的"龙")。

⑧牙机巧制：互相咬合制作精巧的部件。

⑨激扬：这里指声音响亮。

⑩伺者：守候观察候风地动仪的人。

⑪发机：拨动了机件。

⑫验之以事：以事验之。验，检验，验证。

⑬未之有也：未有之也，宾语前置。

⑭无征：没有应验。

⑮驿：驿使，古时驿站上传递文书的人。

⑯陇西：汉朝郡名，在今甘肃省临洮县、陇西县一带。"陇西"前省介词"于"。

⑰所从方起：从哪个方位发生。

【译文】

顺帝阳嘉元年，张衡又制造了候风地动仪。这个地动仪是用纯铜铸造的，直径八尺，上下两部分相合盖住，中央凸起，样子像个大酒樽。外面用篆体文字和山龟鸟兽的图案装饰。内部中央有根粗大的铜柱，铜柱的周围伸出八条滑道，还装置着枢纽，用来拨动机件。外面有八条龙。龙口各含一枚铜丸，龙头下面各有一个蛤蟆，张着嘴巴，准备接住龙口吐出的铜丸。仪器的枢纽和机件制造得很精巧，都隐藏在酒樽形的仪器中，覆盖严密得没有一点儿缝隙。如果发生地震，仪器外面的龙就震动起来，机关发动，龙口吐出铜丸，下面的蛤蟆就把它接住。铜丸震击的声音清脆响亮，守候机器的人因此得知发生地震的消息。地震发生时只有一个龙头的机关发动，另外七个龙头丝毫不动。按照震动的龙头所指的方向去寻找，就能知道地震的方位。用实际发生的地震来检验仪器，彼此完全相符，真是灵验如神。从古籍的记载中，还看不到曾有这样的仪器。有一次，一个龙头的机关发动了，可是洛阳并没有感到地震，京城的学者都奇怪它这次没有应验。几天后，驿站上传送文书的人来了，证明果然在陇西地区发生了地震，大家这才都叹服候风地动仪的绝妙。从此以后，朝廷就责成史官根据候风地动仪记载每次地震发生的方位。

名匠之光

张衡(78—139),字平子,南阳郡西鄂县(今河南省南阳市石桥镇)人。东汉时期杰出的天文学家、数学家、发明家、地理学家、文学家。早年游学三辅,进入太学学习。他在学术上显示出极高的天赋与兴趣,广泛涉猎各类知识。尽管张衡曾一度担任南阳郡主簿的职位,但他选择辞官居家,专心于学术研究和个人著述。

张衡精通天文历算,创制出了世界上最早的浑天仪和地动仪等九项发明创造和两项科研成果,正确解释了月食的成因;提出"宇之表无极,宙之端无穷"的观点,是东汉中期浑天说的代表人物之一,著有《灵宪》《浑仪图注》等;数学著作有《算罔论》;文学作品以《二京赋》《归田赋》等为代表,与司马相如、扬雄、班固并称"汉赋四大家"。由于他为中国天文学、机械技术、地震学的发展做出了杰出的贡献,故被后人誉为"木圣""科圣"。

张衡是一位全面发展的学者,他不仅在科学技术上对后世有深远影响,在文学艺术上也有独到的贡献。他的地动仪更是显示了他在科技创新方面的才华,至今仍受到人们的钦佩并吸引人们研究。

经典选读

马 钧

(一)

【原文】

织绮者应声以出章采,奇文异变,因感而作,犹自然之成形,阴阳之无穷。(《傅子》说马钧作绫机,其巧如此。然今织师往往能之。)

——章太炎《国故论衡》

【译文】

纺织者纷纷纺织出图案，可以随心所欲织出各种奇妙的花纹，织成后看上去像是天然形成的一样，又像阴阳二气反复变化无穷。(《傅子》记载马钧改造织绫机，技术就是如此。今天的纺织者往往就能做到这样。)

(二)

【原文】

马先生，天下之名巧也。少而游豫，不自知其为巧也。当此之时，言不及巧，焉可以言知乎？为博士，居贫，乃思绫机之变，不言而世人知其巧矣。旧绫机五十综①者五十蹑②，六十综者八十蹑，先生患其丧功费日，乃皆易以十二蹑。其奇文异变，因感而作者，犹自然之成形，阴阳之无穷。此轮扁③之对不可以言言者，又焉可以言校也？

……

居京都，城内有地，可以为园，患无水以灌④之。乃作翻车，令童儿⑤转之，而灌水自覆，更入更出，其功百倍于常。此二异也。

其后人有上百戏者，能设而不能动也。帝以问先生："可动否?"对曰："可动。"帝曰："其巧可益否?"对曰："可益。"受诏作之。以大木雕构，使其形若轮，平地施之，潜以水发焉。设为女乐舞象，至令木人击鼓吹箫；作山岳，使木人跳丸掷剑，缘绳倒立，出入自在；百官行署，舂磨斗鸡，变巧百端。此三异也。

先生见诸葛亮连弩，曰："巧则巧矣，未尽善也。"言作之可令加五倍。又患发石车，敌人之于楼边县湿牛皮，中之则堕，石不能连属而至。欲作一轮，县大石数十，以机鼓轮为常，则以断县石飞击敌城，使首尾电至。尝试以车轮县瓴甓⑥数十，飞之数百步矣。

……

马先生之巧，虽古公输般、墨翟、王尔，近汉世张平子，不能过也。公输般、墨翟皆见用于时，乃有益于世。平子虽为侍中，马先生虽给事省中，俱不典工官，巧无益于世。用人不当其才，闻贤不试以事，良可恨也。

——陈寿撰、裴松之注《三国志·杜夔传》

【注释】

①综(zèng)：织机上用以携带经纱作开口动作的构件。

②蹑(niè)：古代织机上提综的踏板。

③轮扁：春秋时齐国有名的车匠，名扁。后多用为名匠、高手的代称。

④灌：浇灌，灌溉。

⑤童儿：小孩。

⑥瓴(líng)甓(pì)：砖块。

【译文】

马(钧)先生，是天下闻名的技术高超的人。他年轻时过着游乐的生活，不知道自己有高超的技艺。在那时候，他从不对人家谈到自己技艺高超，又怎么可以说别人知道他有高超的技艺呢？他当了博士，生活贫困，就想改进织绫机，不用说什么，人们就知道他技艺高超了。旧式的织绫机，五十综的用五十个蹑，六十综的用六十个蹑，马先生认为这样的设计费力费时，于是他改进机械，全都改用十二个蹑。改进以后，可以随心所欲织出各种奇妙的花纹，织成后看上去像是天然形成的一样，又像阴阳二气反复变化无穷。这正是车匠扁回答别人的询问时说的没法用言语说明的地方，又怎么能说去检验它呢？

……

他住在京都，城里有地可以种植菜蔬，但愁的是近旁没有水可以灌溉。先生就制作了翻车，叫小孩转动它，汲来的水可以自行倒出流到地里，这样循环进出，效率大大超过平常水车。这是第二件奇妙的事情。

后来有人进贡一套杂技模型，只能作摆设不能活动。皇帝问先生："你能使得它们动起来吗？"回答说："可以活动。"皇帝说："可以做得更巧妙些吗？"回答说："可以更好。"于是他就接受皇命制作了。他用大木头又雕又削，做成轮子的形状，放在地上，下面设机关用水力发动。上面制作了女子奏乐舞蹈的偶像，还有木偶打鼓、吹箫、叠罗汉，还可以使木偶丢木球、掷剑、走绳索、倒立，动作灵活，还有木偶坐堂审案，舂米磨面、斗鸡等，各种各样的动作。这是第三件奇妙的事情。

先生看到诸葛亮设计的连弩，说："这东西巧是很巧，但还不很完善。"他说他可以做出一种连弩，发箭的效率能增加五倍。又担心发石车效果差，如果敌人在城楼边挂起湿牛皮，发过去的石头碰上牛皮就滑落下来，发石车不能连续发射。他想制作一种轮子，挂上几十块大石头，用机械按一定的节奏转动轮子，轮上悬石的绳子断掉，石头被抛射到敌人城楼上，可以迅速地接连抛射。

他曾经试验用车轮挂上几十块砖块，可以抛射到几百步远的地方去。

马先生技术的巧妙，就是古代的公输般、墨翟、王尔，近代汉朝的张衡，都不能超过他。公输般、墨翟都在当时受过重用，所以他们的技术对国家有用处。张衡虽做侍中，马先生虽做给事中，但他们的官职都不属于工程一类的，技术的巧妙不能贡献给国家。用人不用他的专门才能，知道有才能又不让他去实践，这实在是太遗憾了。

名匠之光

马钧(生卒年不详)，字德衡，是三国时期魏国的杰出发明家和机械工程师。他出生于扶风(今陕西省兴平市)。尽管史料对他的生平描述不多，但他在机械创新方面的成就让他在中国古代科技史上留下了浓墨重彩的一笔。

马钧为人称道的发明之一是对织绫机的改进。织绫机是用于织造丝织品的机械设备，早在东汉时期就已出现，但操作复杂且效率不高。马钧对这一机器进行了改进，使得其效率大幅提升，从而极大地促进了纺织业的发展。另一个著名的贡献是他对指南车的还原与改进。指南车是用来指示方向的，据传在远古时期已经存在，但在马钧所处的时代已经失传。他依据古文献中的记载，重新构建了指南车。此外，他还发明了一种由低处向高地引水的龙骨水车；制作出一种轮转式发石机，能连续发射石块，远至数百步；把木制原动轮装于木偶下面，叫作水转百戏图。此后，马钧还改制了诸葛连弩。

马钧的成就不仅在于他的发明本身，更在于他对古代中国科技发展的贡献。他的工作展现了魏晋南北朝时期科技文化领域的一种积极进取的精神面貌，也为后世的科技创新奠定了基础。然而，关于马钧的详细生平事迹鲜为人知。有传说称他出身贫寒，也有提到他曾担任过官职，但这些信息都缺乏确切证据。尽管如此，他的发明和创造才能在当时已经得到了广泛的认可和尊重。在现代文化中，马钧的形象有时也会出现在一些游戏和文学作品中，作为智慧与创新的象征。关于他的传奇故事和技术成就激励着一代又一代人追求科学探索和技术创新。

经典选读

祖冲之

（一）

【原文】

冲之稽古，有机思。宋孝武使直华林学省，赐宅宇车服。解褐①南徐州从事、公府参军。

始元嘉中，用何承天所制历，比古十一家为密。冲之以为尚疏，乃更造新法，上表言之。孝武令朝士善历者难之，不能屈。会帝崩，不施行。

历位为娄县②令，谒者仆射③。初，宋武平关中④，得姚兴指南车，有外形而无机杼⑤，每行，使人于内转之。升明中，齐高帝辅政，使冲之追修古法。冲之改造铜机，圆转不穷，而司方如一，马钧以来未之有也。时有北人索驭𬴂者，亦云能造指南车。高帝使与冲之各造，使于乐游苑对共校试，而颇有差僻，乃毁而焚之。晋时杜预有巧思，造欹器⑦，三改不成。永明中，竟陵王子良好古，冲之造欹器献之，与周庙不异。文惠太子⑧在东宫，见冲之历法，启武帝施行。文惠寻薨⑨，又寝。

转长水校尉，领本职。冲之造《安边论》，欲开屯田，广农殖。建武中，明帝欲使冲之巡行四方，兴造大业，可以利百姓者，会连有军事，事竟不行。

——李延寿《南史·祖冲之传》

【注释】

①解褐：出仕。平民以褐布为衣，做官后脱褐布衣服换官服，故以解褐喻出仕。

②娄县：县名，在今江苏昆山东北。

③仆射(yè)：官名。魏晋南北朝时为尚书省长官之一。

④宋武平关中：晋安帝义熙十二年(416)，刘裕北伐后秦，次年八月攻下后秦都城长安，灭后秦。

⑤机杼：此指指南车机械。

⑥欹(yī)器：古代巧变之器，周时已发明制造。

⑦文惠太子：萧长懋，齐武帝萧赜长子。

⑧薨(hōng)：古时称诸侯或者大官的死。

【译文】

祖冲之好考察古事，机智灵巧。宋武帝派他在华林学省值宿，赐予房宅车服。初入仕途，为南徐州从事、公府参军。

宋文帝元嘉年间，用何承天制定的历书，此历书较之古代十一家都精密。但祖冲之仍以为还有疏漏，就重新修定制为新历法，并向皇帝上表说明。宋孝武帝下令朝廷精通历法的人和他辩论，最终都没能驳倒他。正值此时，孝武帝死，新历法因而未能颁行。

祖冲之历任娄县令、谒者仆射。当初，宋武帝灭后秦，获得姚兴的指南车，指南车只有外形，内部没有机械，每当行驶，必须让人在里面转动。宋顺帝升明年间，齐高帝辅政，命冲之研究古代指南车制造法。冲之改造了铜机械，指南车就能不停地运转，和指引方向的功用完全一样，自马钧以来还没有过像他这样的能工巧匠。当时北方有位名叫索驭䮫的人，自称会造指南车。齐高帝命驭䮫和冲之分别制造，造好后，在乐游苑进行校试，判定优劣，结果索驭䮫的指南车颇有差错，他感到惭愧，烧毁了自己造的指南车。晋朝杜预亦有制作技巧，制造欹器，三次改造都没有成功。齐武帝永明年间，竟陵王萧子良嗜好古玩，冲之造欹器进献，他制成的欹器与周代太庙中的没有什么不同。文惠太子在东宫，曾见到冲之修订的历法，上奏齐武帝施行。不久，文惠太子死，颁布新历法之事又暂被搁置。

祖冲之调任为长水校尉，仍保留原职。他著有《安边论》，打算大兴屯田，发展农业。齐明帝建武年间，明帝准备派他巡行天下，兴造各种可以便利百姓的事业，正值当时战争频繁，此举终究未实行。

（二）

【原文】

冲之解钟律博塞①，当时独绝，莫能对者。以诸葛亮有木牛流马，乃造一器，不因风水，施机自运，不劳人力。又造千里船，于新亭江试之，日行百余里。于乐游苑造水碓②磨，武帝亲自临视。又特善算。永元二年卒，年七十二。著《易老庄义》，释《论语》《孝经》，注《九章》，造《缀术》数十篇。

——李延寿《南史·祖冲之传》

【注释】

①博塞：本作"簿簺"，古代的博戏。

②碓（duì）：舂谷的器具。

【译文】

冲之精通黄钟音律和博戏，技艺盖世，当时没有能与之匹敌的。因为诸葛亮制造木牛流马，于是他另造一种机械，不借助风力、水力，只要扳动机关，就能自动运行，无须用人力推动。又造千里船，在新亭江试航，一日行一百多里。在乐游苑制水碓，齐武帝亲临观看。祖冲之不仅长于机械制造，而且特别精于计算。齐东昏侯永元二年（500）去世，终年七十二岁。著有《易老庄义》，注释《论语》《孝经》，又注解《九章算术》，编撰《缀术》几十篇。

名匠之光

祖冲之（429—500），字文远，出生于建康（今南京），祖籍范阳郡遒县（今河北省涞水县），中国南北朝时期杰出的数学家、天文学家。

祖冲之在数学史上有着重要的地位。他使用缀术将圆周率的值计算到小数点后第七位，提出了"祖率"作为圆周率的更精确的近似值。祖冲之在天文学方面的贡献也是卓越的。他编制了《大明历》，这是一部精确度极高的历法。在这部历法中，他首次引入了"岁差"的概念，并且对闰月的设置进行了调整，使得历法更加符合天象。此外，祖冲之还发明了水碓磨、千里船等工具。

祖冲之是一位多才多艺的科学家，他在数学、天文学等领域都有着深入的研究和出色的成果。他的科学成就不仅对当时产生了深远影响，而且对后世的科学发展也有重要意义。

经典选读

李 春

（一）

【原文】

赵郡①泫河②石桥③，隋匠李春之迹④也。制造奇特，人不知其所以为⑤。

试观乎用石之妙，楞⑥平砧⑦，斗⑧方版⑨，促郁⑩繎⑪，穹隆⑫崇，豁然⑬无楹⑭。吁⑮！可怪也！

又详⑯乎义插⑰骈垏⑱，磨砻⑲致密，甃⑳百象一。仍糊㉑灰墼㉒，腰纤㉓铁。蹙㉔两涯㉕，嵌㉖四穴㉗，盖以杀㉘怒水之荡突㉙，虽怀山㉚而固护焉。非夫深智远虑，莫能创是。

其栏槛华柱㉛，锤斫㉜龙兽之状，蟠绕拿㉝踞，眭盱㉞翕欻㉟，若飞若动，又足畏乎！

——张嘉贞《石桥铭序》

【注释】

①赵郡：治所在今河北省赵县。

②泫（xiáo）河：一名童水，又名鹿泉水、井陉水，源出河北鹿泉区西南的井陉山，东流历栾城区、赵县、宁晋县，入宁晋泊。

③石桥：赵州桥，原名安济桥，俗称赵州大石桥，位于赵县城南五里的泫河上。

④迹：前人遗留下来的事物，这里指设计者李春遗留下来的桥梁。

⑤为：建造。

⑥楞：棱角。

⑦平砧：平整的石块。砧，本指捣衣石。

⑧斗（dòu）：接合，拼合。

⑨版：指石板。

⑩促郁：迫近闭合。

⑪縬（cù）：收敛紧凑之意。

⑫穹（qióng）隆：本谓天空中央高而四周低，这里指桥身呈弧拱形。

⑬豁然：形容桥拱开阔的样子。

⑭楹：柱子。

⑮吁：表示疑怪的叹声。

⑯详：审察。

⑰义插：交错穿插。

⑱骈坒（bì）：排列相接的样子。

⑲砻（lóng）：磨。

⑳甃（zhòu）：以砖修井。这里为垒砌之意。

㉑糊：黏合，封闭。

㉒灰墁（wèn）：灰缝。墁，原指器皿上的裂纹。

㉓纤：刺，楔入。

㉔蹙：通"蹴"，踏。

㉕涯：水边。

㉖嵌：填镶。这里是设置的意思。

㉗四穴：四个孔洞，指石桥大拱的两端各开两小孔。

㉘杀（shài）：减削。

㉙荡突：冲击。

㉚怀山："怀山襄陵"的省语，指洪水。

㉛栏槛华柱：指桥上的栏板和雕刻有花纹的望柱。赵州桥两旁各有21块栏板和22根望柱。望柱上有狮首、花草等雕刻图案。

㉜锤斫（zhuó）：雕刻。

㉝拿：抓，持。

㉞睢（huī）盱（xū）：形容龙兽矫健的样子。睢，目光深注的样子。盱，张目。

㉟翕欻（xū）：意同"翕忽"，形容变化迅疾。

【译文】

赵州洨河上的石桥，是隋朝工匠李春遗留下来的建筑。桥的制造奇异而特別，人们不知它是用什么方法建造的。

看它运用石料技巧的精妙，以有棱角、平整的石块垒砌，用方正的石板接合，相接严密紧凑，桥身弧拱高耸，架空而起，没有柱子。令人惊异啊！

再审察它用石头交错穿插、排列相连的样子，琢磨细致，将众多石块垒砌得如同完整的一块。依旧黏合灰缝，桥腰楔入蝴蝶结似的腰铁。两端踏在河的两岸，大弧拱上设四个小拱，用来减弱激流的冲击，即使洪水滔天也能牢固地保护大桥。不是智虑深远的人，不能造出这样的桥。

桥面两旁有栏板和雕花的望柱，上面雕刻龙兽形状，盘绕持搏，或蹲或坐，矫健威猛，变化迅速，又足以使人畏惧啊！

（二）

【原文】

夫通济利涉①，三才②一致。故辰象③昭回④，天河临乎析木⑤；鬼神幽⑥助，海石⑦到乎扶桑⑧。亦有停杯渡河⑨，羽毛填塞⑩，引弓击水，鳞甲攒会⑪者，徒闻于耳，不觌⑫于目。目所觌者，工所难者，比于是者，莫之与京⑬。

——张嘉贞《石桥铭序》

【注释】

①通济利涉：意为有利交通。济、涉，均指渡水。

②三才：古时天、地、人称为三才，这里指天上与地下。

③辰象：星象，星辰。

④昭回：光耀回转。

⑤析木：十二星次之一，与黄道十二宫的人马宫相当，从尾宿十度到南斗十一度为析木，古天文学家将析木看作天河的桥梁。

⑥幽：隐，暗中。

⑦海石：传说秦始皇想过海去看日出的地方，当时有神人能驱石下海造石桥。见《太平御览》卷五一引《三齐略记》。

⑧扶桑：神话中日出之处的树木名。

⑨停杯渡河：传说晋宋时有个不知姓名的僧人，常乘木杯渡水，于是以杯渡为名。

⑩羽毛填塞：用七夕织女渡河而乌鹊成桥的民间传说。

⑪鳞甲攒会：相传古时北方的高离国有善射者名东明，王恐夺其国，要杀他。他往南逃走，至施掩水，以弓击水，鱼鳖浮为桥，待他过后，鱼鳖乃解散，追兵不得渡。鳞甲，指鱼鳖。攒会，聚集。

⑫觏（gòu）：遇见。

⑬京：大。

【译文】

建桥以利交通，天上和地下一致。所以星辰光耀回转，析木便是天河的桥梁；鬼神驱石下海暗中相助，帮秦始皇把桥架到日出之处。也有僧人乘杯渡水、织女以乌鹊成桥渡河、东明以弓击水而鱼鳖聚集为桥的传闻，都只是听说，而没有亲眼见过。亲眼所见的这座大桥，以技巧不易者与它相比，也没有比它更伟大的了。

名匠之光

李春，隋代杰出的建筑家，尤其以桥梁工程见长。他的生平虽然鲜为人知，但他的代表作——赵州桥（又称安济桥），却让他的名字历经千年仍为后人所传颂。活跃于隋朝开皇十五年（595）至大业初年，李春在建筑史上留下了不可磨灭的印记。

赵州桥位于今河北省赵县，是一座设计精巧、造型美观的单孔石拱桥。它不仅是中国现存最古老的石拱桥，也是世界上现存跨度最大的古代单孔敞肩石拱桥。这座桥的设计和建造技术展示了李春非凡的工程技术和对结构力学的深刻理解。李春在赵州桥的建设中运用了多项创新技术。他采用薄石砌成的50厘米厚的桥身，减轻了桥的自重，既节省材料又减轻了对桥基的压力。这种设计方法在当时是极具创新性的。此外，他还利用腰铁来增强桥梁的结构强度，这一做法在后世被广泛采纳。除了技术创新，李春还非常注重桥梁的实用性和美观性。赵州桥的弧形设计不仅优雅美观，而且有助于水流顺畅通过，减少水流对桥墩的冲击。桥面的设计和施工也考虑到了便于行人和车辆通行的需求。

尽管关于李春的个人生活资料稀缺，但他的成就足以说明他是一位非凡的工程师和设计师。他用实际行动证明了自己的才华，为后世留下了一个永恒的工程奇迹。李春的故事和他的桥梁一起，激励着一代又一代的建筑师和工程师追求卓越和创新。

经典选读

喻 皓

（一）喻皓造塔

【原文】

开宝寺塔①，在京师③诸塔中最高，而制度④甚精，都料匠⑤喻皓所造也。塔初⑥成，望之不正而势倾西北。人怪而问之，皓曰："京师地平无山，而多西北风，吹之上百年，当正也。"其用心之精，盖如此。国朝以来，木工一人而已，至今木工皆以喻都料为法。有《木经》三卷行于世。世传皓唯一女，年十余岁，每卧，则交手于胸为结构状，如此越年，撰成《木经》三卷，今行于世者是也。

——欧阳修《归田录》

【注释】

①开宝寺塔：宝塔名，建在北宋都城汴京（今河南省开封市），八角13层，高360尺（宋时1尺约合30.72厘米），是我国古代建筑史上一座有名的木质结构的琉璃宝塔。该塔于宋仁宗庆历年间焚毁。

③京师：京城，这里指汴京。

④制度：规划，设计。

⑤都料匠：官名，掌管设计及施工的土木工程总负责人。

⑥初：刚。

【译文】

开宝寺塔，是汴京各塔中最高的一座，它的建造和设计都很精巧，是都料匠喻皓主持建造的。塔刚建成，看上去塔身不正，向西北方向倾斜。有人感到奇怪就问他（这是怎么回事），喻皓说："京城这个地方平坦没有山，多吹西北风，不到一百年，就会把它吹直了。"他考虑周到，达到了这种地步！宋朝开国以来，(像这样的)木工就这一人罢了，木工都依然以喻皓为榜样。喻皓著有《木经》三卷流传于世。世人传言说喻皓只有一女，十几岁时，每当睡觉，都把手交叉于胸前做出像结构的样子。如此过了一年，撰写成《木经》三卷，就是流传在世上的(这部书)。

(二)

【原文】

钱氏①据两浙时，于杭州梵天寺②建一木塔，方两三级③，钱帅④登之，患⑤其塔动。匠师云："未布瓦，上轻，故如此。"方以瓦布之，而动如初。无可奈何，密使其妻见喻皓之妻，贻以金钗，问塔动之因。皓笑曰："此易耳。但逐层布板讫，便实钉之，则不动矣。"匠师如其言，塔遂定。盖⑥钉板上下弥束⑦。六幕⑧相联如胠箧⑨，人履⑩其板，六幕相持，自不能动。人皆伏⑪其精练。

——沈括《梦溪笔谈·技艺》

【注释】

①钱氏：指五代时割据浙江的吴越王临安人钱镠(852—932)及其子孙。

②梵天寺：后梁贞明二年(916)始建。

③级：这里指层。

④钱帅：指钱俶(929—988)，钱镠的孙子。

⑤患：担心。

⑥盖：因为。

⑦弥束：全部束紧。

⑧六幕：指上、下、左、右、前、后六面。

⑨胠(qū)箧(qiè)：撬开箱子。此处指箱子。

⑩履：踩，踏。

⑪伏：信服，佩服。

【译文】

吴越王朝统治两浙时，在杭州梵天寺修建了一座木塔，刚刚盖好两三层，钱帅登上木塔，嫌它晃动。工匠说："(木塔上还)没铺瓦，上面轻，所以才这样。"于是把瓦片在塔上铺好，但是木塔还像原先一样晃动。没有办法，(工匠)就暗地里派他的妻子去见喻皓的妻子，拿了金钗送给(喻妻)，(要她向喻皓)打听木塔晃动的原因。喻皓笑着说："这很容易啊。只要逐层铺上木板，随即用钉子钉结实了，（木塔）就不晃动了。"工匠师傅照他的话去做，木塔终于稳固了。因为钉牢木板后，上下更加紧密相连互相约束，上、下、左、右、前、后六面互相联结如同一只箱子。人踩在那楼板上，上下及四周板壁紧密相合互相牵制，（木塔）自然不会晃动了。人们无不佩服喻皓的精明练达。

（三）

【原文】

营舍之法，谓之《木经》，或云喻皓所撰。凡屋有三分：自梁以上为上分，地以上为中分，阶为下分。凡梁长几何，则配极①几何，以为榱②等。如梁长八尺，配极三尺五寸，则厅堂法也。此谓之上分。楹③若干尺，则配堂基若干尺，以为榱等。若楹一丈一尺，则阶基四尺五寸之类。以至承栱④榱桷，皆有定法，谓之中分。阶级有峻、平、慢三等，宫中则以御辇为法：凡自下而登，前竿垂尽臂，后竿展尽臂，为峻道⑤（荷辇十二人：前二人曰前竿，次二人曰前绦，又次曰前胁；后二人曰后胁，又后曰后绦，末后曰后竿。辇前队长一人，曰传唱；后一人，曰报赛）。前竿平肘，后竿平肩，为慢道。前竿垂手，后竿平肩，为平道。此之谓下分。其书三卷。近岁土木之工，益为严善，旧《木经》多不用，未有人重为之，亦良工之一业也。

——沈括《梦溪笔谈·技艺》

【注释】

①极：屋顶最高部位的正梁。实指屋顶与横梁之间的垂直高度。

②榱（cuī）：椽子。

③楹：支撑横梁的木柱。

④承栱：斗拱，梁和柱之间的承重结构。

⑤"凡自下而登"四句：抬御辇升阶，当抬辇者都在台阶上时，最前面的两人（前竿）手臂自然下垂到手能握竿的最低度（"垂尽臂"），最后面的两人（后竿）则手臂上举到手能握竿的最高度（"展尽臂"），以此保持前后平衡。这样的台阶比较陡，所以叫作峻道。下述慢道、平道，坡度依次降低，文意参照此。

【译文】

有一部关于房屋建筑方法的著作，叫作《木经》，有的人说是喻皓所撰写。

(书中讲述了)凡是建筑物，都有三个部分，梁以上的部分叫作上部分，地面以上的部分叫作中间部分，台阶以下的部分叫作下部分。凡是梁长多少，屋柱就相应有多高，以此来确定椽子等构件的尺寸。如果梁长八尺，屋柱则高三尺五寸，这就是厅堂建筑的标准，这就叫上部分。厅堂前部的柱子有多高，堂基就有多宽，也以此来确定椽子等构件的尺寸。如果堂基高一丈一尺，那么台阶就有四尺五寸宽。至于斗拱、屋椽都有固定的比例，这就叫中间部分。台阶的斜度有峻、平、慢三种。皇宫中台阶的坡度则以御辇抬法的不同作为区分的标准：从下面抬到上面，前竿要垂着手臂，后竿要展尽手臂，这才叫峻道(抬御辇的共十二人：前面两人叫前竿，其次两人叫前绦，又次两人叫前胁；后面两人叫后胁，再次两人叫后绦，最后两人叫后竿。抬辇前还有队长一人，叫传唱；后一人，叫报赛)。前竿和人的肘部相平，后竿和人的肩膀相平，这才叫慢道。前竿和人下垂的手相平，后竿与肩膀相平，这就叫平道。这叫下部分。他的书共有三卷。近年来土木建筑的工匠技术更加严谨完善了，旧时《木经》已有不少地方不适用，但还没有人来重新编写，这也成为优良工匠所从事的一项专业工作。

名匠之光

　　喻皓，浙东人，是一位出身卑微的建筑工匠，生卒年月不详，只知道他在北宋初年当过都料匠，长期进行建筑实践。在这长期的实践中，他勤于思索并善于向别人学习，因而在木结构建造技术方面积累了丰富的经验。

　　喻皓擅长建筑多层的宝塔和楼阁。在建造开封开宝寺塔时是先做模型，然后施工，历时八年建成。在杭州建梵天寺塔时，他科学地解释了木塔的稳定问题。所著《木经》三卷，是中国古代重要的建筑专著，已佚。北宋欧阳修《归田录》中曾称赞他为"国朝以来，木工一人而已"。喻皓自幼便显示出对建筑和工艺的浓厚兴趣。在喻皓生活的年代，中国的建筑技术已经相当发达，但仍然存在许多问题和挑战。喻皓通过自己的观察和实践，不断探索和创新，为建筑技术的发展做出了重要贡献。首先，他在建筑结构方面进行了多项创新。他发现传统的木结构建筑在地震等自然灾害中容易被损坏，于是研发了一种新的结构方式，使得建筑物更加稳固和耐用。他还改进了建筑中的排水系统，使得建筑物在雨季等潮湿环境下也能保持干燥和舒适。其次，喻皓在建筑材料方面也有所突破。他发现传统的砖石材料虽然坚固，但过于沉重，不便于运输和使用。于是，他研发了一种新型的轻质材料，不仅重量轻，而且强度高，大大提高了建筑的效率和质量。

此外，喻皓还注重建筑的美学和实用性。他设计的建筑物不仅美观大方，而且功能齐全，使用方便。他的许多建筑作品都被誉为建筑的杰作，展现了他卓越的才华和创造力。

匠心传承

古代建筑工匠的智慧和经验在今天依然具有参考价值。虽然现代建筑机械行业已经大量采用现代化的技术和材料，但古代工匠的一些基本原理和方法，如对材料特性的深刻理解、精确的结构设计和施工技术，都是现代建筑设计和机械制造业不断追求和完善的方向。

随着国家基础设施建设的稳步推进、城镇化进程的加快以及"一带一路"倡议的实施，对建筑机械的需求持续增长，从而推动了整个行业的发展。从而建筑机械行业在现代社会的发展中扮演着举足轻重的角色，它与城市建设、基础设施铺设以及住宅建设等息息相关。随着科技的进步和社会经济的发展，建筑机械行业目前正面临着转型升级的挑战，同时也在寻求高质量发展的新路径。政府的政策支持和市场的调整将对未来建筑业的发展起到关键作用。

在中国新时代建筑机械行业中，有许多杰出的领军人物，他们通过自己的智慧、勇气和不懈努力，推动了中国建筑机械行业的发展。作为三一重工的创始人，梁稳根是中国建筑机械行业的代表人物之一。他从一个乡村焊接材料厂起家，经过多年的发展，将三一重工打造成全球领先的建筑机械制造商之一。作为中联重科的创始人之一，向文波在建筑机械行业聚焦于如何在中国市场经济的浪潮中，通过引进国外技术并结合本土创新，使中联重科成为中国乃至全球建筑机械行业的重要参与者。作为山东重工集团的董事长，谭旭光带领公司在国内外市场探索如何通过战略调整和管理创新，使山东重工集团在全球建筑机械行业中占据一席之地。这些领军人物不仅在商业上取得了成功，也在技术创新、产业升级和国际竞争中展现了中国建筑机械行业的实力。上海"木痴"王震华，历时五年，历经十多万道工序，不用一颗钉子、一滴胶打造木质祈年殿，生动诠释了工匠精神的深刻内涵。他们的故事激励着一代又一代中国企业家为中国制造业的发展做出巨大贡献。

第三单元
百炼成钢(冶铁铸造)

　　穿越历史的烟云，我们仿佛能听到那远古时期炉火的呼呼作响，看到那铁花四溅的炫目光芒。中国古代冶铸艺术，如同一颗璀璨的明珠，镶嵌在华夏文明的瑰宝之中，熠熠生辉。

　　在这个单元，我们将一同探寻那些传奇的冶铸大师和他们留下的不朽杰作。蒲元，这位蜀汉时期的冶铸奇才，以巧夺天工之手，铸造出锋利无匹的神兵利器，令人叹为观止。欧冶子，春秋时期越国的铸剑大师，他铸就的每一柄宝剑都仿佛蕴含着天地之精华，闪耀着摄人心魄的光芒。干将莫邪，这对恩爱夫妻，以他们的智慧和匠心，共同铸造出传世名剑，成为千古佳话。还有大禹，这位伟大的治水英雄，在治水的同时，也推动了铜器的发展，为冶铸技术注入了新的活力。

这些传奇人物和他们的故事，不仅让我们领略到了中国古代冶铸技艺的精湛与美妙，还让我们感受到了那份对技艺的执着追求和对完美的无尽渴望。他们的作品，不只是冷硬的金属，更是蕴含着生命与灵魂的艺术品。

让我们一起走进这个充满传奇与魅力的世界，探寻那些闪耀在历史长河中的冶铸瑰宝，感受那份源远流长的文化底蕴和匠心独运的艺术魅力吧！

经典选读

蒲 元

（一）

【原文】

君性多奇思，于斜谷①为诸葛亮铸刀三千口。刀成，自言汉水钝弱，不任淬②用，蜀江爽烈，是谓大金之元精，天分其野，乃命人于成都取江水③。君以淬刀，言杂涪④水，不可用。取水者捍言⑤不杂。君以刀画水，言杂八升。取水者叩头云："于涪津⑥覆水，遂以涪水八升益⑦之。"

——姜维《蒲元传》

【注释】

①斜谷：在今陕西眉县西南。

②淬：把烧红了的铸件浸入水或其他液体中冷却，用以增加硬度和强度等。

③江水：指锦江的水。古代以为长江源出岷江，而锦江是岷江的支流，因此称锦江的水为江水。

④涪（fú）：水名，今涪江。郦道元《水经注·涪水》云："水发平洛郡西溪，西南流，屈而东南流入于涪。"

⑤捍言：意为"坚持说"。

⑥津：渡口。

⑦益：补充。

【译文】

蒲元生性多奇思妙想，在斜谷的时候，为诸葛亮的部队铸造了三千把军刀。

刀铸成之后，他说汉水滞塞纤柔，不适合用来淬火；蜀江的水清亮豪放，是金属的精气所聚，像天分九野一样，各不相同。于是派人到成都去取锦江水。（回来之后）蒲元拿取回的水淬刀，说这里面掺了涪江水，不适合用来淬刀。取水的人坚持说没有掺其他的水。蒲元便拿刀在水里比画了一下，说掺了八升涪江水。取水的人听了之后，叩头说："走到涪江渡口时，水倾翻了，弄洒了，就加了八升涪江水进去。"

（二）

【原文】

元牒与亮："元等辄率雅意，作一木牛，兼摄两环，人行六尺，牛行四步，人载一岁之粮也。"

——姜维《蒲元别传》

【译文】

蒲元写文书给诸葛亮说："我和一些人琢磨着制作出了一头木牛，它带有两个环，人走六尺路，木牛可以走四步，每人能运送相当于一个人一年的口粮。"

名匠之光

蒲元，三国时期蜀汉的杰出工匠，被誉为武器制造领域的奇才。他以精湛的冶炼技术和独特的制刀工艺著称。据史书记载，蒲元曾在斜谷为蜀汉丞相诸葛亮制造了三千把军刀。这些刀锋利无比，质量上乘，被誉为神刀。据说，蒲元制造的军刀能够轻松劈开装满铁珠的竹筒，足见其锋利程度。

蒲元在制造刀剑时，注重选材和冶炼过程。他深知不同的金属材料具有不同的特性，因此在选材上极为讲究。他还精通冶炼技术，能够准确地掌握火候和冶炼时间，从而确保刀剑的质量和性能。在制造过程中，蒲元更是精益求精，对每一个细节进行严格的把控，力求打造出最完美的作品。

他的工艺水平在当时无人能及，甚至有人将其与古代的铸剑鼻祖欧冶子相提并论。蒲元的作品不仅在当时备受赞誉，而且对后世的武器制造产生了深远的影响。

经典选读

欧冶子

（一）

【原文】

当造此剑之时，赤堇之山^①，破而出锡；若耶之溪^②，涸而出铜；雨师扫洒，雷公击橐^③；蛟龙捧炉^④，天帝装炭；太一下观，天精下之。欧冶乃因天之精神，悉其伎巧，造为大刑^⑤三、小刑二：一曰湛卢，二曰纯钧，三曰胜邪，四曰鱼肠，五曰巨阙。吴王阖庐^⑥之时，得其胜邪、鱼肠、湛卢。阖庐无道，子女死，杀生以送之。湛卢之剑，去之如水，行秦过楚，楚王卧而寤，得吴王湛卢之剑，将首魁^⑦漂而存焉。秦王闻而求，不得，兴师击楚，曰："与我湛卢之剑，还师去汝。"楚王不与。时阖庐又以鱼肠之剑刺吴王僚，使披肠夷之甲三事。阖庐使专诸^⑧为奏炙鱼^⑨者，引剑而刺之，遂弑王僚。此其小试于敌邦，未见其大用于天下也。今赤堇之山已合，若耶溪深而不测。群神不下，欧冶子即死。虽复倾城量金，珠玉竭河，犹不能得此一物。有市之乡二、骏马千疋^⑩、千户之都二，何足言哉！

——袁康、吴平《越绝书·外传记宝剑》

【注释】

①赤堇（jǐn）之山：在今浙江宁波东南，相传为春秋时欧冶子铸剑之处。

②若耶之溪：在今浙江省绍兴市东南，相传为西施浣纱处。

③橐（tuó）：指口袋，古代也指一种鼓风吹火器。

④炉：古代焚香烧炭之器。

⑤刑：铸造器物的模子。后作"型"。

⑥阖庐：一作"阖闾"，姬姓，名光，又称公子光，春秋末期吴国君主。

⑦首魁：首领，指剑把。

⑧专诸：春秋时吴国棠邑（今江苏省南京市六合区西北）人，伍子胥将其推

荐给吴王阖闾。

⑨炙鱼：烧鱼。《吴越春秋·王僚使公子光传》："专诸乃去，从太湖学炙鱼，三月得其味。"

⑩疋(pǐ)：同"匹"，量词。

【译文】

当初铸造这口剑的时候，赤堇山裂开，才采得锡；若耶溪干涸，方采得铜；雨师洒水清扫，雷公鼓风吹火；蛟龙捧住冶炉，天帝亲自装炭；天神太一也从天上下来观看，天地万物的精气便随之而降。欧冶子于是顺承天地万物的精气，将自己的全部才艺和工巧都施展了出来，铸造成三口大型宝剑和两口小型宝剑：第一口叫湛卢，第二口叫纯钧，第三口叫胜邪，第四口叫鱼肠，第五口叫巨阙。吴王阖庐执政的时候，他得到了胜邪、鱼肠、湛卢三口剑。阖庐不推行德政，他的子女死后，杀活人来送葬。作为陪葬品的湛卢剑就这样如水流般丧失了。这口剑的剑气先来到秦国，后来又到了楚国。楚王睡觉醒来后，得到了吴王的湛卢剑，楚王把剑把洗净后当作最珍贵的宝剑保存起来。秦王听到后就向楚王求取这口剑，未能如愿，于是兴兵攻打楚国，声称："只要将湛卢剑交给我，我就撤回军队，离开楚国。"但楚王坚持不给。当时，阖庐又用鱼肠剑去行刺吴王僚，他派人身穿甲胄去行刺了几次。最后，阖庐让专诸进献炙鱼，用鱼肠剑去行刺，终于杀死了吴王僚。但是，这仅仅是向敌国小试这几口宝剑的威力，并没有看到它们在天下发挥更大的作用。现在，赤堇山已合拢，若耶溪深不可测。天神们不会由天而降，而欧冶子也即将死去。因此，即使再想用整城的金子、满河的珠玉，尚且不能够换得这样的一口剑。那么，两个有市场的乡邑，一千匹骏马，两个有千户人家的都邑，又算得了什么呢？

（二）

【原文】

楚王召风胡子而问之曰："寡人闻吴有干将，越有欧冶子，此二人甲世[1]而生，天下未尝有。精诚上通天，下为烈士[2]。寡人愿赍邦之重宝，皆以奉[3]子，因吴王请此二人作铁剑，可乎？"风胡子曰："善。"于是乃令风胡子之吴，见欧冶子、干将，使之作铁剑。欧冶子、干将凿茨山[4]，泄其溪，取铁英[5]，作为铁剑三枚：一曰龙渊，二曰泰阿，三曰工布。毕成，风胡子奏之楚王。楚王见此三剑之精神，大悦，风胡子⑥，问之曰："此三剑何物所象？其名为何？"风胡子对曰："一曰龙渊，二曰泰阿，三曰工布。"楚王曰："何谓龙渊、泰阿、工布？"风胡子对曰："欲知龙渊，观其状，如登高山，临深渊；欲知泰阿，观其鈲，巍巍⑦翼翼⑧，如流水之波；欲知工布，鈲⑨从文起，至脊而止，如珠不可衽⑩，文若流水不绝。"

——袁康、吴平《越绝书·外传记宝剑》

【注释】

①甲世：冠绝当世。

②烈士：刚烈之士。亦指有志于建功立业的人。烈，正直，刚毅。

③奉：给予，赠予。

④茨（cí）山：在今安徽泾县北。

⑤铁英：铁矿石中的精华。

⑥大悦，风胡子：《太平御览》引此作"大悦，见风胡子"。

⑦巍巍：高大貌。

⑧翼翼：飞动貌。

⑨鈲（pī）：剑身上的文采。

⑩衽：缉，贯穿连缀。

【译文】

楚王召见风胡子，问他道："我听说铸剑名师吴国有干将，越国有欧冶子，这两个人冠绝当世，普天下找不出这样才艺精湛的人才。他们的至诚之心与天相通，都是正直刚毅有志于建功立业的人。我愿意把楚国的珍宝都交给你，托你通过吴王聘请这两个人到楚国来替我铸剑，怎么样？"风胡子说："好啊！"于是就派风胡子去吴国，拜见欧冶子、干将，请他们到楚国去铸造铁剑。欧冶子、干将挖开茨山，排干溪水，取出铁矿石中的精华，铸造了三口铁剑，第一口叫龙渊，第二口叫泰阿，第三口叫工布。剑铸成后，风胡子拿去献给楚王。楚王看到这三口铁剑的神采非常高兴，召见风胡子，问他道："这三把宝剑神采异常，象征何种事物呢？都叫什么名称呢？"风胡子回答说："第一口叫龙渊，第二口叫泰阿，第三口叫工布。"楚王问道："为什么叫龙渊、泰阿、工布呢？"风胡子回答说："想知道为什么叫龙渊，您就看它的形状，就如攀登千仞高山，俯视万丈深渊；想知道为什么叫泰阿，您就看它的文彩，其跃动的光华如起伏涌动的流水之波；想知道为什么叫工布，您就看它的文彩，从有花纹起，直到剑脊为止，像滚动闪烁的珠子一样而不能串联，又像滔滔流水一样没有断绝。"

——袁康、吴平《越绝书·外传记宝剑》

名匠之光

欧冶子，春秋末期至战国初期越国人，被后世尊称为中国古代铸剑的鼻祖。他出生于一个显赫的工匠世家，自幼便对铸剑产生浓厚的兴趣。他继承了家族的传统技艺，并在不断的实践与探索中，逐渐形成了自己独特的铸剑理念。他深知，一把好剑不仅要有锋利的刃口，更要有坚韧的剑身和恰到好处的重心。因此，他在选材、冶炼、锻造、淬火等各个环节都倾注了极大的心血。

欧冶子的铸剑技艺在当时无人能及。他能够准确地识别各种金属材料的特性，并巧妙地将其融合在一起，打造出既坚硬又富有弹性的剑身。他的淬火技术更是独步天下，能够使剑刃在保持锋利的同时，增加其韧性和耐用性。因此，他铸造的宝剑不仅锋利无匹，而且经久耐用，深受当时各国君王的喜爱。

欧冶子一生铸造了多把传世名剑。其中最为著名的有湛卢、纯钧、胜邪、鱼肠、巨阙等，每一把剑都有其独特的造型和传奇的故事。这些宝剑不仅在当时威震四方，而且对后世的武器制造产生了深远的影响。

除了铸剑之外，欧冶子还是一位杰出的工艺大师。他在金属加工、镶嵌、雕刻等方面都有很高的造诣。他的作品不仅工艺精湛，而且充满创意和想象力，展现了他卓越的艺术天赋和深厚的文化底蕴。

欧冶子的传奇故事和卓越成就被后人广为传颂。他用自己的智慧和才华，为中国古代武器制造业和工艺美术事业做出了巨大的贡献。如今，他已经成为一个传奇，是中国古代工匠的杰出代表，代表着中国古代工艺水平的巅峰。每当人们提起欧冶子这个名字时，都会想起那些锋利无匹、传世千年的宝剑，以及那位在炉火前辛勤工作的伟大工匠。

经典选读

干将莫邪

（一）

【原文】

干将者，吴人也，与欧冶子同师，俱能为剑。越前来献三枚，阖闾得而宝之，以故使剑匠作为二枚，一曰干将，二曰莫邪。莫邪，干将之妻也。

干将作剑，采五山之铁精，六合①之金英。候天伺地，阴阳同光，百神临观。天气②下降，而金铁之精不销③沦流④，于是干将不知其由。莫邪曰："子以善为剑闻于王，使子作剑，三月不成，其有意乎？"干将曰："吾不知其理也。"莫邪曰："夫神物之化，须人而成，今夫子⑤作剑，得无得其人而后成乎？"干将曰："昔吾师作冶，金铁之类不销，夫妻俱入冶炉中，然后成物。至今后世，即山作冶，麻绖蒢服⑥，然后敢铸金于山。今吾作剑不变化者，其若斯耶？"莫邪曰："师知烁⑦身以成物，吾何难哉！"于是干将妻乃断发剪爪，投于炉中，使童女童男三百人鼓橐⑧装炭，金铁乃濡⑨。遂以成剑，阳曰干将，阴曰莫邪，阳作龟文⑩，阴作漫理⑪。干将匿⑫其阳，出其阴而献之。阖闾甚重。

——赵晔《吴越春秋·阖闾内传》

【注释】

①六合：指上下及东西南北四方。

②天气：气温。

③销：金属熔化。

④沦流：指炉膛结块，这里指铁液不流。

⑤夫子：妻子对丈夫的尊称。

⑥麻绖（dié）蒢（jiān）服：这里有披麻戴孝之意。

⑦烁：通"铄"，熔化。

⑧橐：这里指冶炼时鼓风用的装置。

⑨濡(rú)：熔化。

⑩龟文：这里指阳剑上的纹理如同龟壳的纹路。

⑪漫理：这里指阴剑上的纹理散漫无规律。

⑫匿：隐藏。

【原文】

干将是吴国人，与欧冶子同拜名师，都会铸剑。越国派使者献来三把宝剑，吴王阖闾得到后十分珍视，并因此让铸剑工匠打造两把宝剑，一把叫干将，一把叫莫邪。莫邪是干将的妻子。

干将铸剑，采来五方名山中的铁精和天下金属的精华，专等天时地利合宜、阴阳平衡、百神降临观光时，开始铸剑。不料天气忽然发生变化，炉内的铁精不能销熔流动，而干将弄不清原因所在。莫邪说："你因为擅长铸剑，名声传到吴王那里，吴王派你铸剑，结果三个月都没成功。这是什么原因呢？"干将说："我不知道其中的道理。"莫邪说："任何神物的变化，都得靠人的精诚奉献才成。如今你铸剑，是不是也得有人做出牺牲呢？"干将说："当年我的师傅冶炼铸物，金属不能熔化，结果他夫妇二人一同投身炉中，器物终于铸成。直到今日，匠人们在矿山边进行铸造，都要披麻戴孝，之后才敢在山中开炉熔铸。如今铸剑不发生变化，大概也是这个缘故吧？"莫邪说："你的师傅知道牺牲生命来成就器物，我还有什么为难的呢？"于是干将的妻子割下头发，剪下指甲，将它们投入炉中。叫三百童男童女拉风箱、装煤炭，炉中精铁立刻熔化，宝剑也铸成了。那把阳剑被便命名为干将，阴剑被命名为莫邪。阳剑上布满龟纹，阴剑的纹理则是散漫无序的。干将把阳剑隐藏好，只拿阴剑献给吴王。吴王得到阴剑，非常爱重。

（二）

【原文】

楚干将、莫邪为楚王作剑，三年乃成。王怒，欲杀之。剑有雌雄。其妻重身①当产②，夫语妻曰："吾为王作剑，三年乃成，王怒，往必杀我。汝若生子是男，大，告之曰：'出户望南山，松生石上，剑在其背。'"于是即将③雌剑往见楚王。王大怒，使相④之："剑有二，一雄一雌，雌来，雄不来。"王怒，即杀之。

莫邪子名赤，比⑤后壮⑥，乃问其母曰："吾父所在?"母曰："汝父为楚王作剑，三年乃成，王怒，杀之。去时嘱我：'语汝子：出户望南山，松生石上，剑在其背。'"于是子出户南望，不见有山，但睹堂前松柱下石低之上⑦，即以斧破其背，得剑。日夜思欲报⑧楚王。

王梦见一儿，眉间广尺⑨，言欲报仇。王即购之千金⑩。儿闻之，亡去，入山行歌⑪。客⑫有逢者，谓："子年少，何哭之甚悲耶?"曰："吾干将、莫邪子也。楚王杀吾父，吾欲报之。"客曰："闻王购子头千金，将子头与剑来，为子报之。"儿曰："幸甚!"即自刎⑬，两手捧头及剑奉之，立僵⑭。客曰："不负子也。"于是尸乃仆⑮。

客持头往见楚王，王大喜。客曰："此乃勇士头也，当于汤镬⑯煮之。"王如其言。煮头，三日三夕不烂。头踔⑰出汤中，瞋目⑱大怒。客曰："此儿头不烂，愿王自往临视⑲之，是必烂也。"王即临之。客以剑拟⑳王，王头随堕汤中；客亦自拟己头，头复堕汤中。三首俱烂，不可识别，乃分其汤肉葬之，故通名"三王墓"。

——干宝《搜神记》

【注释】

①重(chóng)身：怀孕。

②当产：就要生孩子了。

③将：持，拿。

④相(xiàng)：审视，观察。

⑤比：及，等到。

⑥壮：成年。

⑦石低之上："低"疑为"砥"之误，石砥为柱下基石。"之上"疑为衍文。

⑧报：报复，报仇。

⑨眉间广尺：双眉之间有一尺宽的距离。形容相貌出奇。这是夸张的说法。

⑩购之千金：悬赏千金捉拿他。购，悬赏征求。

⑪行歌：边走边歌唱。借以抒发自己的心情，表露自己的意向、愿望等。

⑫客：来往于各国之间的具有一定文武才能的士人。

⑬自刎(wěn)：自杀。刎，割颈。

⑭立僵：死后直立不动。

⑮仆(pū)：倒下。

⑯汤镬(huò)：开水锅。汤，热水。镬，无足的鼎，古时烹煮用的器物，形状像锅。

⑰踔(chuō)：跳。

⑱瞋(chēn)目：瞪眼。

⑲临视：从上往下靠近地看。

⑳拟：比画，作出砍的样子。这里形容剑的锋利。

【译文】

楚国的干将和莫邪夫妻给楚王铸剑，三年才制成。楚王发怒，要把他们杀了。铸成的剑有雌剑和雄剑两把。干将的妻子怀孕就要生产了，丈夫告诉妻子说："我替大王铸剑，三年才铸成。大王恼怒，我去进献宝剑，大王一定会杀我。你如果生下的孩子是男孩子，长大了，告诉他说：'出了门看南面的山，松树长在石头上，剑就在它背后。'"就这样干将带着雌剑去见楚王。楚王大发雷霆，叫人验看这把剑："有两把剑，一把雄剑，一把雌剑。雌剑拿来了，雄剑没拿来。"楚王发怒，就杀了他。

莫邪的儿子名叫赤，等他成年以后，就问他母亲："我父亲在哪儿呢？"母亲说："你父亲为楚王铸剑，三年才铸成，大王发怒，把他杀了。他临走时嘱咐我：'告诉你的儿子：出了门看南面的山，松树长在石头上，剑就在它背后。'"于是儿子出了门朝南看，没看见山，只看到屋前的松木柱子在石头柱基上，就拿斧子劈开背面，找到了剑。他日思夜想要找楚王报仇。

楚王梦见一个孩子，双眉之间有一尺宽，说要报仇。楚王就悬赏千金捉拿那孩子。孩子听到这个消息，就逃走了。孩子逃到山里，一边走一边悲歌。有个士人遇到他，说："你很年轻，为什么哭得这么悲伤呢？"孩子说："我是干将、莫邪的儿子，楚王杀了我父亲，我要报仇。"士人说："听说楚王悬赏千金买你的头，拿你的头和剑来，我替你报仇。"孩子说："太好了！"立刻自杀，双手捧着头和剑奉献给士人，身体却直挺挺地立着。士人说："我不会辜负你。"尸体才倒下去。

士人带着孩子的头去见楚王，楚王非常高兴。士人说："这是勇士的头，应该放在开水锅里煮。"楚王照他的话去做了。煮头，三天三夜煮不烂。头跳出锅来，瞪着眼大怒。士人说："这个孩子的头煮不烂，希望大王亲自去看看，这样就一定烂了。"楚王就走到那里。士人拿剑对着楚王一比画，楚王的头跟着就掉到开水里；士人也拿剑对自己比画了一下，他的头也掉到开水里。三颗头一起煮烂了，分不清是谁的头，就把肉跟汤分开下葬，因此统称为"三王墓"。

（三）

【原文】

其山有兽，大如兔，毛色如金。食土下之丹石，深穴地以为窟。亦食铜铁，胆肾皆如铁。其雌者，色白如银。昔吴国武库之中，兵刃铁器俱被食尽，而封署依然。王令检其库穴，猎得双兔，一白一黄。杀之开其腹，而有铁胆肾，方知兵刃之铁为兔所食。王乃招其剑工，令铸其胆肾以为剑，一雌一雄，号干将者雄，号镆铘①者雌，其剑可以切玉断犀②。王深宝之，遂霸其国，后以石匣埋藏。及晋之中兴，夜有紫色冲斗牛③。张华使雷焕为丰城县令，掘而得之。华与焕各宝其一，拭以华阴之土，光耀射人。后华遇害，失剑所在。焕子佩其一剑，过延平津，剑鸣飞入水。及入水寻之，但见双龙缠屈于潭下，目光如电，遂不敢前取矣。

——王嘉《拾遗记·诸名山》

【注释】

①镆铘（mò yé）：一般指莫邪。莫邪，也叫莫邪剑，中国古代十大名剑之一。

②切玉断犀：切割玉石，劈开犀牛角。也寓意在言辞之中有着像切割玉石一样的灵巧和敏锐，又有着剑断犀角一样的锐利和强大。常用来形容人才智过人，辩才无敌。

③牛斗：指二十八宿中的牛宿和斗宿，借指天空。

【译文】

（昆吾山）山中有一种野兽，体型庞大如兔，毛色金黄。它以食用地下的丹石为食物，深深地挖穿地层建造巢穴。它也吃铜和铁，其胆和肾都坚硬如铁。雌性兔子的颜色洁白如银。在吴国的军械库中，所有兵器和铁器都被这种兽食尽，但封印和署名仍然存在。国王命令检查库穴，捕获到一对兔子，一只白色，一只黄色。杀死它们并打开它们的腹部，发现它们的胆和肾是铁质的，才明白兵器中的铁被这种兽吃掉了。国王便召集他的铸剑工匠，命令用它们的胆和肾铸成剑，一雄一雌，分别命名为"干将"和"镆铘"，这两口剑能够切断玉石，砍断犀牛角。国王非常珍视这两口剑，最终成功地统治了国家，后来用石匣盛放并将它们埋藏了。到了晋朝中兴时期，吴地经常有紫气上冲于牛、斗两宿之间。有一人名张华，他派雷焕去豫章郡丰城县担任县令，与他一同挖掘，得雌雄宝剑。张华和雷焕各拿其中一口剑，并用华阴的土擦拭，使其光辉灿烂。后来张华遭到杀害，遗失了剑。雷焕将宝剑送给儿子，当他儿子路过延平津时，剑发出清脆的鸣响，飞入水中。雷焕之子进入水中寻找，只见到两条龙在潭底交缠纠结，眼光如电，于是不敢向前取剑。

（四）

【原文】

繁弱、巨黍①，古之良弓也；然而不得排檠②则不能自正。桓公之葱③，太公之阙④，文王之录⑤，庄君之曶⑥，阖闾之干将、莫邪、巨阙、辟闾⑦，此皆古之良剑也；然而不加砥砺⑧则不能利，不得人力则不能断。骅骝⑨、骐骥⑩、纤离⑪、绿耳⑫，此皆古之良马也；然而必前⑬有衔辔之制，后有鞭策之威，加之以造父之驭，然后一日而致千里也。夫人虽有性质美而心辩知，必将求贤师而事之，择良友而友之。得贤师而事之，则所闻者尧舜禹汤之道也；得良友而友之，则所见者忠信敬让之行也；身日进于仁义而不自知也者，靡⑭使然也。今与不善人处，则所闻者欺诬、诈伪也，所见者污漫、淫邪、贪利之行也，身且加于刑戮而不自知者，靡使然也。传曰："不知其子视其友，不知其君视其左右。"靡而已矣！靡而已矣！

——《荀子·性恶》

【注释】

①繁弱、钜黍：古代良弓名。

②排檠(qíng)：矫正弓弩的器具。

③葱：齐桓公所用的良剑名，因剑呈青色，故名。

④阙：姜太公所用的良剑名。

⑤录：周文王所用的良剑名，因剑呈绿色，故名。

⑥曶(hū)：楚庄王所用的良剑名，因剑光恍惚，故名。

⑦干将、莫邪、巨阙、辟闾：都是阖闾使用的良剑名。

⑧砺：《荀子集解》作"厉"，据世德堂本改。

⑨骅骝：黑鬣黑尾的赤色骏马，也名枣骝。

⑩骐(qí)骥：青黑色的骏马，其纹路如棋盘，故名。骐，通"骐"。

⑪纤离：毛纹细密的黑色骏马。离，通"骊"。

⑫绿(lù)耳：千里马。绿，通"骡"。

⑬必前：《荀子集解》作"前必"。

⑭靡：通"摩"，研磨，切磋。引申为潜移默化，沾染。

【译文】

　　繁弱、钜黍是两种优良的弓箭，然而得不到排檠的矫正，就不能自己平正。齐桓公的宝剑"葱"，姜太公的宝剑"阙"，周文王的宝剑"录"，楚庄王的宝剑"忽"，阖闾的宝剑干将、莫邪、巨阙、辟闾，都是古代的良剑。但是如果不加以磨砺就不会锋利，不借着人力就不能斩断东西。骅骝、骐骥、纤离、骡耳，这些都是古代的良马，然而前面要有嚼子、辔头的约束，后面有缰绳的威胁，加上造父那样的驾车本领，才能一日行千里。一个人即便他的资质好，而且心灵善于辨别和理解，也一定要寻求贤能的老师去向他学习，选择好的朋友和他们交往。得到了贤能的老师去向他学习，那么所听到的就是尧、舜、禹、汤这些圣人之道。得到了好的朋友和他们交往，那么所看到的就是忠诚、守信、恭敬、谦让的行为。如此天天学习仁义，践行仁义，天天有进步，但是自己却感觉不到，这是潜移默化使他这样的。如果与德行不好的人相处，那么所听到的就是欺骗蒙蔽、欺诈虚伪，所看到的就是污秽卑鄙、淫荡邪恶、贪图财利的行为，自己将受到刑罚杀戮还没有意识到，这也是潜移默化使他这样的。古书上说："不了解自己的儿子就看他结交的朋友怎么样，不了解君主就看他身边的人怎么样。"不过是潜移默化罢了。不过是潜移默化罢了。

名匠之光

　　干将莫邪，这对中国古代著名的铸剑夫妇，其名字与众多富有传奇色彩的宝剑紧密相连，已然成为中华文化中不可或缺的重要符号。

　　干将，生活在春秋末期，是声名卓著的铸剑师。他自幼对金属冶炼和武器制造有着浓厚兴趣，并立志成为一名出类拔萃的工匠。通过多年的不懈努力和实践积累，他最终精通了铸剑技艺，跻身当时吴国著名的铸剑大师之列。

莫邪，作为干将的妻子，同样是一位技艺非凡的工匠。她亦精通金属冶炼和铸剑技术，并与干将有着共同的追求——铸造最完美的宝剑。在铸剑过程中，莫邪不仅为干将提供宝贵建议，更亲力亲为地参与冶炼、锻造和淬火等关键环节，与干将携手打造出了一把把传世名剑。

干将莫邪夫妇共同铸造的宝剑，以锋利、坚韧和造型独特而广受赞誉。他们的杰作不仅在当时备受推崇，更被后世传颂不衰。其中，干将剑与莫邪剑尤为著名，这两把剑代表了夫妇二人在铸剑技艺上的巅峰成就。他们全身心投入铸剑事业，不仅追求技艺的炉火纯青，更注重剑的品质与神韵。在他们手中诞生的每一把剑，都独一无二，都凝聚着他们的匠心与卓越追求。

干将莫邪的传奇故事在中国古代文学和艺术作品中被反复描绘。他们的形象不仅象征着勤劳、智慧和坚韧，更成为爱情与忠诚的代名词。他们的故事激励着后世不断追求卓越，为中华民族的工艺美术事业注入了强大的动力。

经典选读

大禹

（一）

【原文】

禹收九牧①之金，铸九鼎。皆尝亨鬺②上帝鬼神。遭圣则兴，鼎迁于夏商。周德衰，宋之社亡，鼎乃沦没，伏③而不见。

——司马迁《史记·封禅书》

【注释】

①九牧：九州，指冀州、兖州、青州、徐州、扬州、荆州、豫州、梁州、雍州九个地方。后以"九州"泛指天下，全中国。

②亨鬺(shāng)：烹煮牲牢以祭祀。

③伏：隐藏；隐蔽。

【译文】

禹收取了九州之内的铜，用来铸造九个鼎。这些鼎都曾经烹饪牲畜来祭祀上天。在圣明的时代，这些鼎得以传承和发扬光大，后来被迁移到夏商之间。然而，随着周代道德的衰退，宋国的祭祀社会也走向了灭亡，于是这些鼎渐渐隐藏，沉入深处，再也没有出现在人们的视野中。

（二）

【原文】

宋子曰：首山之采，肇①自轩辕，源流远矣哉！九牧贡金，用襄禹鼎，从此火金功用，日异而月新矣。

夫金之生也，以土为母，及其成形而效用于世也，母模子肖②，亦犹是焉。精粗巨细之间，但见钝者司舂，利者司垦；薄其身以媒合水火而百姓繁，虚其腹以振荡空灵而八音起；愿者③肖仙梵之身，而尘凡有至象④；巧者夺上清之魄⑤，而海寓遍流泉⑥。即屈指唱筹⑦，岂能悉数？要之，人力不至于此。

——宋应星《天工开物·冶铸》

【注释】

①肇（zhào）：创始。

②母模子肖：按五行说，金生于土，故前云金"以土为母"，而浇铸金器则先以土为模范，故又云"母模子肖"。

③愿者：诚谨、善良的人。

④至象：法身，佛之真身。此处指佛像。

⑤上清之魄：天上的月亮。

⑥泉：钱币。

⑦筹：数码。

【译文】

宋先生说：相传上古黄帝时代已经开始在首山采铜铸鼎，可见冶铸的历史真是源远流长啊！自从九州进贡铜给夏禹铸成象征天下大权的九个大鼎以来，冶铸技术也就日新月异地发展起来了。

金属本是从泥土中产生出来的，当它被铸造成器物来供人使用时，它的形状又跟泥土造的母模一个样。这正是所谓"以土为母""母模子肖"。铸件之中有精有粗，有大有小，作用各不相同：钝拙的可以用来舂东西，锋利的可以用来耕地；薄壁的可以用来烧水煮食而使百姓人丁兴旺，空腔的可以用来振荡空气而使声波振荡，美妙的乐章得以悠然响起；善良虔诚的信徒们模拟仙界神佛之身为人间造出了精致逼真的佛像，心灵手巧的工匠抓住天上月亮的隐约轮廓而造出了天下到处流通的钱币。任凭人们屈指头、唱筹码，又哪里能够说得完呢？简而言之，这些东西纯靠人力是办不到的。

（三）

【原文】

楚子①伐陆浑之戎②，遂至于雒，观兵③于周疆。定王使王孙满④劳楚子。楚子问鼎之大小轻重焉。

对曰："在德不在鼎。昔夏之方有德也，远方图物⑤，贡金九牧，铸鼎象物，百物而为之备，使民知神奸。故民入川泽山林，不逢不若⑥。魑魅罔两⑦，莫能逢之。用⑧能协于上下，以承天休⑨。桀有昏德，鼎迁于商，载祀六百。商纣暴虐，鼎迁于周。德之休明⑩，虽小，重也。其奸回昏乱，虽大，轻也。天祚明德，有所底止⑪。成王定鼎于郏鄏⑫，卜世三十，卜年七百，天所命也。周德虽衰，天命未改。鼎之轻重，未可问也。"

——左丘明《左传·宣公三年》

【注释】

①楚子：楚庄王。

②陆浑之戎：我国古代西北少数民族的一支。

③观兵：阅兵以示威。

④王孙满：周大夫。

⑤图物：描绘各地的奇异事物。

⑥不若：不利。

⑦罔两：通"魍魉"。

⑧用：因此。

⑨天休：天赐之福佑。

⑩休明：美好光明。

⑪底止：指最终的年限。

⑫郏（jiá）鄏（rǔ）：古地名，即周都王城所在地，成王时周公所筑。在今河南洛阳市王城公园。

【译文】

楚王攻打陆浑戎人，于是到了雒水，在周朝边境上炫耀武力。周定王派王孙满慰劳楚王。楚王问九鼎的大小轻重怎样。

王孙满回答说："统治天下在于道德，不在于有鼎。从前夏朝正在实行德政的时候，远方的人进献了各种奇物的图画，九州的方伯贡纳了各地出产的铜，夏禹用铜铸成九鼎，各种奇物的形象铸在鼎上，教人民知道神物和怪异的事物。所以人民进入川泽山林，不会碰到对自己不利的东西。魑魅魍魉这些妖怪都不会遇到。因此能够上下协调一致，受到上天的保佑。夏桀昏乱无德，鼎迁到商，前后六百年。商纣暴虐无道，鼎又迁到周。天子德行美善光明，鼎虽然小，也是重的。如果天子奸邪昏乱，鼎虽然大，也是轻的。上天赐福给有美德的人，是有最终年限的。成王把九鼎放在郏鄏，曾经占卜过，可以传世三十代，享国七百年，这是上天的旨意。今天周王室的德行虽然衰减了，可天命还没有改变。九鼎的轻重，是不可以问的。"

（四）

【原文】

凡铸鼎，唐虞以前不可考①。唯禹铸九鼎，则因九州贡赋壤则已成，入贡方物岁例②已定，疏浚③河道已通，《禹贡》业已成书。恐后世人君增赋重敛，后代侯国冒贡奇淫④，后日治水之人不由其道，故铸之于鼎。不如书籍之易去，使有所遵守，不可移易。此九鼎所为铸也。年代久远，末学寡闻，如玭珠⑤、暨鱼⑥、狐狸、织皮之类，皆其刻画于鼎上者，或漫灭改形，亦未可知，陋者遂以为怪物。故《春秋传》有使知神奸、不逢魑魅之说也。此鼎入秦始亡。而春秋时郜⑦大鼎、莒⑧二方鼎，皆其列国自造，即有刻画，必失《禹贡》初旨，此但存名为古物。后世图籍繁多，百倍上古，亦不复铸鼎，特并志之。

——宋应星《天工开物·冶铸》

【注释】

①考：研究，探求。

②岁例：古代诸侯或属国每年向朝廷进献礼品。

③疏浚：清除淤塞或挖深河槽使水流通畅。

④冒贡奇淫：各地诸侯用一些由奇技淫巧做出来的东西冒充贡品。

⑤玭（pín）珠：珍珠。

⑥暨（jì）鱼：动物名。

⑦郜（gào）：据《世本》和《通志·氏族略》载，周文王的第十一个儿子受封于郜，称作为郜侯，建立郜国。

⑧莒（jǔ）：县名，在今山东。

【译文】

铸鼎的史实在尧舜以前就已无法考证了。只有夏禹铸造九鼎，那是因为当时九州缴纳赋税的条例已经制定，各地每年进贡的物产的品种已经有了具体规定，河道也已经疏通，《禹贡》这部书已经写成了。但是唯恐后世的帝王增加赋税来敛取百姓财物，各地诸侯用一些由奇技淫巧做出来的东西冒充贡品，治水的人也不再按照原来的一套办法，于是，夏禹把这一切都铸刻在鼎上。这样就不会像书籍那样容易丢失了，使后人有所遵守而不能任意更改。这就是当时夏禹铸造九鼎的原因。经过了许多年代，刻在鼎上的画像，如蚌珠、暨鱼、狐狸、毛织物以及兽皮之类，也可能因为锈蚀而变了样，学问不深和见识浅薄的人就以为这是怪物。因此，《左传》中才有禹铸鼎是为了使百姓懂得识别妖魔鬼怪而避免受到妖魔伤害的说法。这些鼎到了秦朝时就绝迹了，而春秋时期郜国的大鼎和莒国的两个方鼎，都是诸侯国铸造的，即使有一些刻画，也必定失去了《禹贡》的原意，只不过名为古旧之物罢了。后世的图书已经多了几百倍，就不必再铸鼎了，这里特地提一下。

名匠之光

大禹，姒姓，名文命。原是夏后氏部落首领，奉舜命治理洪水。他采用了疏通河道的方法，有效地将洪水引导入大海，从而根除了中原地区的洪涝灾害。在这一过程中，大禹显示出了惊人的毅力和卓越的智慧。他"三过家门而不入"的奉献精神，更成为后世效法的楷模。

随着洪水治理的成功，大禹的声望迅速提升。他接受了帝舜的禅让，成为新任部落联盟首领，并创立了夏朝。在他的英明领导下，夏朝逐渐走向强盛。为了进一步巩固政权和提升国家凝聚力，大禹下令铸造九鼎。这九鼎不仅仅代表了九州的统一，更深刻地体现了大禹对国家和人民的深沉承诺与责任。

在铸造九鼎的过程中，大禹展现出了令人赞叹的工匠精神。他亲自介入设计工作，并对每一道铸造工序进行严格的质量控制。从材料的选择到熔炼，再到铸造和最后的打磨，他都追求极致的完美。九鼎的完成不仅代表了对技艺的至高追求，更是大禹对责任和担当的生动演绎。他以实际行动向世人传达了真正的工匠精神。

大禹身上所散发出的工匠精神，在不断地激励着后世的工匠们追求卓越，力求完美。这种对技艺、对责任、对担当的坚持和追求，无疑是大禹留给我们后人的珍贵遗产，也是我们每个人都应学习和传承的宝贵品质。

匠心传承

从蒲元之刀、欧冶子之剑，到干将莫邪的佳话，再到大禹九鼎定乾坤的史诗，华夏民族的金属冶铸技艺传承千年，熠熠生辉。而今，科技的日新月异推动了冶铸技术的跃进。这一古老工艺，正由单纯的金属熔炼与塑造，转向材料科学、机械设计、自动化控制等多领域的融合创新。

在这波澜壮阔的变革潮流中，芦永军，这位现今为河南豫中新材料有限公司的总工程师，以他的智慧和汗水，谱写了一曲新时代的工匠精神赞歌。他不仅是行业内的翘楚，更是精神的灯塔，照亮了整个行业前行的道路。

芦永军的职业生涯，是一部从技术员到行业领袖的奋斗史。他对技术的热爱与对品质的坚守，使他在合金材料的研发上取得了一系列令人瞩目的成就。这些高性能合金材料在大幅提升了铸件的性能的同时，还为企业带来了可观的经济效益。

然而，芦永军并未止步于此。他深知，工匠精神的真谛在于对工作的热爱、对技术的钻研以及对品质的极致追求。在每一个工作环节，他都以工匠精神为指导。从原材料的严格筛选到生产流程的精细打磨，都体现了他对工艺的敬畏与匠心。

更难能可贵的是，芦永军在追求个人成就的同时，始终秉持着对技术的传承与共享。他深知，一人的力量有限，众志成城才能推动行业的共同进步。因此，他无私地将自己的经验与技艺传授给年轻一代，为企业的长远发展注入了源源不断的活力。同时，他还积极参与行业交流与技术推广，为推动冶铸行业的整体繁荣贡献了自己的力量。

荣誉是对他多年付出的最好见证。芦永军先后荣获了漯河市劳动模范、专业技术拔尖人才、漯河工匠、中原大工匠以及中原科技创业领军人才等多项殊荣。这些荣誉的背后，是他数十年如一日的坚守与奉献。他带领团队不断攀登技术高峰，打破了国外对产品和技术的垄断，多次刷新了国产铸造冶炼辅助材料的研发纪录。

当谈及工匠之魂时，芦永军深情地阐述："工匠精神，便是要深耕于一个行业，持之以恒、追求卓越，勇于探索、不断完善。此间，必须直面挑战、无畏失败，时刻反思与总结，方能最终抵达成功之岸。"此番话语，不仅深刻诠释了工匠精神的内涵，更展现了他作为行业佼佼者的执着与坚毅。这种精神，正是冶铸乃至整个制造业所必须具备的宝贵品质。

对于中职学子而言，芦永军的经历无疑是一盏明灯，不仅为他们照亮前行的道路，更为他们树立了榜样。冶铸行业的蓬勃发展，为这些学子提供了广阔的舞台。特别是材料工程技术、机械工程、自动化技术等专业的学子们，他们的专业知识与技能在这个行业中将大有可为。从芦永军的身上，学子们可以深刻领悟到深耕专业领域、发扬工匠精神的重要性。因此，他们应当倍加珍惜在校时光，不断提升自己的专业素养，为即将到来的职业生涯奠定坚实基础。

第四单元

陶韵千秋（陶艺泥塑）

单元导读

　　陶艺，作为中华民族传统文化的重要组成部分，源远流长，享誉世界。古代的陶工们，以灵巧的双手和无尽的创意，塑造出了无数精美绝伦的陶器。这些陶器不仅具有实用价值，更是艺术的结晶，有着深厚的文化内涵。除了陶艺，中国古代的雕塑和琢玉艺术同样璀璨夺目。

　　本章主要集结了中国古代陶业的杰出工匠，另外兼顾了雕塑、琢玉方面的名家。他们中有陶神宁封子，"风火神"童宾，哥窑祖师章生一，龙泉窑祖师章生二，紫砂壶的鼻祖供春，将诗文书画与紫砂壶结合的陈曼生，主持官窑、潜心陶务的唐英，以及"塑圣"杨惠之，琢玉大师陆子刚。这些能工巧匠或发明创造，或传承革新，或献身其职业，成为相关领域的佼佼者。通过本单元的学习，我们将穿越时空，感受那些杰出匠人的匠心独运。他们不仅拥有精湛的技艺，更有着对事业的执着追求和对完美的无尽渴望。他们用自己的双手，将一块块普通的材料变成了独具匠心的艺术品。让我们在欣赏的同时，也感受他们对事业的热爱和对生活的热情以及对人生的深刻领悟。

经典选读

章生一、章生二

（一）

【原文】

哥窑与龙泉窑皆出处州①龙泉县。南宋时，有章生一、生二兄弟，各主一窑。生一所陶②者为哥窑，以兄故也。生二所陶者为龙泉，以地名③也。

——郎瑛《七修类稿》

【注释】

①处州：隋开皇九年(589)置州，宋时治所在今浙江省丽水市西。

②陶：制造陶(瓷)器。

③名：命名。

【译文】

哥窑与龙泉窑都在处州龙泉县。南宋时，有章生一、章生二两兄弟，他们俩各自负责一座窑。章生一制瓷的窑称为哥窑，因为他是哥哥(所以命名哥窑)。章生二制瓷的窑称为龙泉窑，用所在的地方来命名。

（二）

【原文】

哥窑，浅白断纹，号百圾碎。宋时有章生一、生二兄弟，皆处州人，主龙泉之琉田窑。生二所陶青器，纯粹如美玉，为世所贵①，即官窑之类。生一所陶者色淡，故名哥窑。

——陆深《春风堂随笔》

【注释】

①贵：崇尚，看重。

【译文】

哥窑（的瓷器），色泽浅白且带有断裂的纹理，这种纹理被称为百圾碎。宋朝时有章生一、章生二两兄弟，都是处州人，他们主持龙泉的琉田窑。章生二制作的青瓷，纯净得如同美玉，被世人所看重，就是官窑这一类型。章生一烧制的瓷器色泽淡雅，（因为他是兄长）因此称为哥窑。

（三）

【原文】

凡瓷器之出于生二窑者，极其晶莹，纯粹无瑕如美玉。然今人家鲜存①者，或一瓶一钵，动博数十金。厥②兄名章生一，所主之窑，其器皆浅白断纹，号百圾碎，亦冠绝当世，今人家藏者尤为难得。世人称其兄之器曰哥哥窑，称其弟之器曰生二章云。

——《龙泉县志》

【注释】

①鲜存：很少保存。

②厥：其，他的。

【译文】

所有出产自章生二窑的瓷器，都非常晶莹透亮，纯净而没有杂质，如同美玉一样。然而现在的人家里很少有保存的，有的一只瓶或一只钵，动辄就要几十金。他的兄长名叫章生一，他所主持的窑口所产的瓷器，其特色是色泽浅白且带有断裂的纹理，这种纹理被称为百圾碎，也在当时首屈一指，现在的人家有收藏它的尤其难得。当世的人称兄长的瓷器为哥哥窑，称呼他弟弟的瓷器为生二章。

名匠之光

相传宋时，有章姓兄弟二人，兄生一，弟生二，浙江龙泉人氏，都有一手制瓷的好技艺。他们分别是哥窑和弟窑的创始人。

章生一心灵手巧，勤劳肯干。他所制的瓷器，胎质坚实，薄如蛋壳，釉层丰富饱满，釉色浓淡不一。其中呈现淡白色的被称为米色，釉色稍微深一些的则被称为豆绿色。釉有断纹，号白坯碎，即鱼子纹，精品专供御用。因其为兄，所制之器名哥窑。章生二聪明伶俐，但是有些嫌脏怕累。所制瓷器则继承龙泉青瓷传统风格，着色葱翠，创造了梅子青、粉青、白胎厚釉，光泽柔和，温润如玉，扣之如磬，极耐磨弄。其精品皆进呈宫廷。因其为弟，所制之器名弟窑。又因其作品风格继承龙泉晋唐青器，又名龙泉窑，亦称章窑。

在兄弟事业发展过程中，兄长潜心制瓷，在祖传的技艺基础上改进方法，所制瓷器图案美观，深得顾客喜爱。弟弟却不思进取，因此生意没有兄长的好，但是他没有反省，反而心生妒意去兄长的窑处搞破坏，趁无人注意，将水引入燃烧着烈火的窑里。没想到弟弟这一举动，不仅没有造成破坏，反而使烧制出的瓷器泛起了"鳞片"，比原来那些没有裂纹的瓷器更加光彩夺目，让兄长生一大赚了一笔。弟弟眼看破坏不成反令兄长大赚，心生闷气，一下子就病倒了。兄长不计前嫌去看望弟弟，病榻前，弟弟悔过认错，兄长将自己的技艺全盘传授给了弟弟。此后，弟弟也改过自新，在学习了兄长的技艺后，专心在釉色上下功夫，烧制出了青翠悦目、图纹清晰的好瓷器。

兄弟俩在继承传统工艺的同时，勇于创新，力求完美。这种精益求精的态度，使得他们的作品在技艺和品质上都能够达到行业领先水平。章氏兄弟是开创龙泉青瓷鼎盛时代的标志性人物。

经典选读

供 春

（一）

【原文】

供春，学宪①吴颐山家青衣②也。颐山读书金沙寺中，供春于给役之暇，窃仿老僧心匠，亦淘细土抟胚，茶匙穴中，指掠内外，指螺文隐起可按。胎必累按，故腹半尚现节腠，视以辨真。……世以其孙龚姓，亦书为龚春。

——周高起《阳羡茗壶系》

【注释】

①学宪：古代学官名。

②青衣：仆人或随从，此处指书僮。

【译文】

供春，原本是学宪吴颐山家中的书僮。吴颐山在金沙寺中读书，供春在做完事的空闲时间，偷偷模仿老僧的技艺，也淘来细土抟成陶器胚，用茶匙在胚中挖穴，用手指在胚的内外掠抹，使得指纹在陶器上隐现，可以按摸出来。陶胚一定要多次按压，所以陶器的腹部还留有半节的指纹痕迹，可以通过这些痕迹来辨别真假。……世人因为他的孙子姓龚，也把"供春"写为"龚春"。

(二)

【原文】

爰有供春侍我从祖①，在髫龄②而颖异，寓目③成能，借小伎以娱闲，因心絜矩④。过土人之陶穴，变瓦瓶⑤以为壶……彼新奇兮万变，师造化兮元功。信⑥陶壶之鼻祖，亦天下之良工。

——吴梅鼎《阳羡茗壶赋》

【注释】

①从祖：祖父的兄弟。吴梅鼎系吴颐山侄孙。

②髫龄：童年，幼年。

③寓目：观看，过目。

④絜(xié)矩：度量，法度。

⑤瓦瓶(wǔ)：古代陶制的酒器。

⑥信：确实。

【译文】

以前有个供春，服侍我叔伯祖父，他在童年时就天资颖异；看到什么就能做出来，借这小技巧作为空闲时的娱乐，同时他内心也恪守着规矩和准则。(有一次，他)路过当地人烧瓦的陶土坑，把做陶器的泥巴改做成壶……它万般变化，如此奇特，是人类学习大自然的功劳。他确实是紫砂壶的鼻祖，也是天下公认的高手。

名匠之光

供春，又称供龚春、龚春。明正德嘉靖年间人，原为宜兴进士吴颐山的家僮。

他向金沙寺僧学习用紫砂制壶，并且进行了自己的改造，把原来以实用性为主的壶制作得更有文化气息。供春仿照金沙寺旁大银杏树的树瘿也就是树瘤的形状做了一把壶，并刻上树瘿上的花纹，烧成之后，这把壶非常古朴可爱，很合文人的意。于是这种仿照自然形态的紫砂壶一下子出了名，人们都叫它供春壶。清《重修宜兴县志》载："供春制茶壶，款式不一，虽属瓷器，海内珍之。用以盛茶，不失元味，故名公巨卿、高人墨士，恒不惜重价购之。"可见，历代文人对供春及供春壶评价极高，而供春壶则是明代后期以来的几百年里人们追求的珍宝。

现藏于中国历史博物馆的树瘿壶，就是他所制。其造型古朴，指螺纹隐现，把内及壶身有篆书"供春"二字。

供春的成功，源于他的刻苦学习，大胆创新，不断探索新的艺术表现形式。他在继承传统紫砂壶工艺的基础上，融入了自己的创意和想法，创造出了具有独特风格和内涵的作品。这种勇于创新的精神，使得他的作品在紫砂壶艺术领域独树一帜，成为后人学习和借鉴的典范。

经典选读

陆子刚

（一）

【原文】

陆子刚，碾玉①妙手。造水仙簪，玲珑奇巧，花茎细如毫发。

——《苏州府志》

【注释】

①碾玉：雕刻玉石。

【译文】

陆子刚，是一位雕刻玉石的高手。他制作的水仙簪，精致玲珑，奇妙精巧，花茎细得就像头发一样。

(二)

【原文】

今吾吴中陆子刚之治玉……皆比常价再倍①，而其人至有与缙绅②坐者。

——王世贞《觚不觚录》

【注释】

①再倍：两倍。

②缙绅：古代官宦的装束，亦作官宦的代称。

【译文】

现在我们吴中地区陆子刚制作的玉器……都是寻常价钱的两倍，而这个人甚至可以和士大夫们平起平坐。

(三)

【原文】

略有风情陈妙常①，绝无烟火杜兰香②。昆吾③锋尽终难似，愁煞苏州陆子刚。

——徐渭《咏水仙》

【注释】

①陈妙常：南宋高宗绍兴年间，临江青石镇郊女贞庵中的尼姑。她诗文俊雅，容貌秀艳照人。

②杜兰香：仙女名。传说为东汉人，幼时被湘江渔父收养，十余岁时，天上来了青童灵人带走了她。行前她告诉养父自己是仙女，被贬凡间，今将归去。

③昆吾：用昆吾石冶炼而成的宝刀、宝剑。

【译文】

(水仙像)略有些风情的陈妙常，(像)完全没有人间烟火气的杜兰香。(即使)昆吾刀锋用尽了也难以雕刻出(水仙的神韵)，这让苏州的陆子刚也感到愁苦不堪。

（四）

【原文】

凡玉器类，砂碾。五十年前，州人有陆子刚者，用刀雕刻，遂擅绝。今所遗玉簪，价一支值五十六金。

——《太仓州志》

【译文】

凡是玉器类都是用砂碾磨法。五十年前，本州人陆子刚，用刀雕刻形成绝技。现在他所遗留下来的玉簪，一支价值五十六金。

名匠之光

陆子刚，又名陆子冈，生活于明嘉靖、万历年间，明代琢玉嵌宝工艺家，子冈珠宝工坊创始人。

他的与众不同之处是，自古以来，玉器因为质地太硬，其治琢一直是用解玉砂碾磨法，而他独创了一种昆吾刀雕刻法。这也是他能够流畅随意书写诗文铭款的主要原因。他死后这种技法便成绝响。他所雕玉器大都为日用器皿，如壶、杯、水注、笔洗、香炉之类。他能在所雕器物上雕琢出人物、花卉、鸟兽及几何图案、诗词、铭文等，并在器物的隐蔽处雕出"子刚""子冈""子刚制"等款文，颇受各阶层人士的喜爱，因而名重一时。他对后世的玉器雕琢产生了很大影响。闻名于世的子冈牌，便是因他而得名。其创作的茶晶梅花花插，令人称绝，现藏于北京故宫博物院。

他潜心钻研，大胆革新，独创了精工刻刀昆吾，他还将印章、书法、绘画艺术融入玉雕中，开创了新的艺术境界。他制作的子冈牌，将诗、书、画、印融为一体，彰显了中国文人艺术气质和高雅的文人精神。他坚持将自己的名款刻印在玉器上，开治玉史之先河，使玉匠的身份得到很大提升。他被后世弟子奉为琢玉业祖师。

传说明穆宗为了考验他的才艺，命他在小小的玉扳指上雕《百骏图》。陆子刚艺高人胆大，满口应承。几天后，《百骏图》告成。只见小小的玉扳指上刻出重峦叠嶂的背景和一座大开的城门，马却只雕三匹，一匹驰骋城内，一匹正向城门飞奔，一匹刚从山谷间露出马头，给人以藏有万马并奔腾欲出之感。陆子刚以虚拟的手法表达了百骏之意，在有限的空间以虚写实，寓百骏于想象，妙不可言。

经典选读

宁封子

（一）

【原文】

宁封子者，黄帝时人也。世传为黄帝陶正①。有人过②之，为其掌火，能出五色烟，久则以教封子。封子积火自烧，而随烟气上下。视其灰烬，犹有其骨。时人共葬于宁北山中。故谓之宁封子焉。

——刘向《列仙传》

【注释】

①陶正：周代官名，掌制造陶器之事。

②过：拜访。

【译文】

宁封子，是黄帝时期的人，是黄帝时世代相袭掌制陶之事的官。有人来拜访他，替他烧陶窑的火，能够冒出带五种色彩的烟。后来那人把这种方法教给了封子。封子把柴火聚集在一起来烧自己，身体能随烟升降。人们观看烧剩的灰烬，还可见到封子的骸骨。当时人们便一起把封子的骸骨葬在宁北山中。因此后人称他为宁封子。

名匠之光

宁封子，亦称"宁封"，传说中黄帝时仙人。

传说黄帝担任部落联盟首领的初期，洪水泛滥，百姓被迫在山上定居。每次到山下取水，没有盛水的容器非常不方便。当时有一个叫宁封的人，他在一次烧火进食的过程中，从火里得到一块泥，这块泥很坚硬。灵光一闪，他想出了可以用火烧的办法使泥土变硬，用来制作各种器具的道理，于是就开始试验。他先找了富有黏性的泥土制成器皿的坯，然后建了一个像窑一样密封的土包，把土坯放在里面烧制。燃烧的时候，土窑中冒出一股五色的轻烟。经过三天三夜，再拿出用泥土做的器物，它已经变得十分坚硬，敲击时发出"当当"的响声。宁封非常高兴，取名为"陶"，用它来盛水、盛食物非常方便。黄帝知道后，就命宁封做陶正，令他把制作陶器的经验传给千家万户。

宁封子善于观察生活、发现问题、解决问题，具有强烈的创造精神，为后人树立了榜样和典范，被后世尊称为"陶神"。

经典选读

童 宾

（一）

【原文】

有之，自明之季世始。考神实姓童氏，尝职窑为业。当前明神宗时，阉人督窑，事弗就，数困辱操作者，神举身歼焉而后器成。如志，由是成神而举之。

——年希尧《重修风火神庙碑记》

【译文】

有风火神，是从明朝就已经开始的。经过考证，风火神本姓童，他曾经以陶瓷烧造为职业。明朝神宗年间，宦官督办窑务，（烧造许久），烧造的事务耗费了（很多人力物力）却未能成功，宦官多次逼迫和残害瓷工，（作为抗议）童宾（纵身跳入烈火熊熊的窑内）以身死窑。随后，瓷器竟然烧制成功了。因此，人们为了纪念他，将他奉为神灵来祭祀。

(二)

【原文】

神姓童名宾，字定新，饶之浮梁县人。性刚直，幼业儒，父母早丧，遂就艺。浮地利陶，自唐宋及前明，其役日益盛。万历间内监潘相[1]奉御董造，派役于民。童氏应报火，族人惧，不敢往，神毅然执役。时造大器累不完工，或受鞭箠，或苦饥羸。神恻然伤之，愿以骨作薪，丐[2]器之成，遽跃入火。翌日[3]启窑，果得完器。自是器无弗成者。家人收其余骸，葬凤凰山，相感其诚，立祠祀之，盖距今百数十年矣。

——唐英《火神童公传》

【注释】

①潘相：人名。

②丐：祈求。

③翌日：第二天。

【译文】

火神姓童名宾，字定新，上饶浮梁县人。他性情刚直，幼年读书，因父母早丧，于是拜师学艺，执役窑业。浮梁县以陶瓷业为主要产业，从唐宋到明代，制陶的劳役越来越多。万历年间太监潘相奉皇帝命令督办窑务，向窑民派遣劳役。童氏家族被分配负责烧窑的工作，他的族人都很害怕不敢去，（只有）童宾毅然前往服役。当时，因为制造大型瓷器而多次未能完工，工匠们有的受到鞭打，有的忍受饥饿和瘦弱之苦。童宾看到这些深感痛心，他愿意用自己的骨头作为燃料，祈求瓷器能够成功烧制，于是他跳入窑火之中。第二天打开窑门，果然得到了完美的瓷器。从此之后，无论烧制什么瓷器都能成功。童宾的家人收集了他的剩余骸骨，葬在了凤凰山。潘相被他的诚意所感动，为他建造了祠堂进行祭祀，距离现在已经有百数十年了。

名匠之光

童宾，字定新，景德镇里村人，生于 1567 年，逝于 1599 年，明代烧瓷技师。他为明末以来景德镇陶瓷业所崇拜的行业神祇之一。

童宾从小投师学艺，从事烧瓷行当。明万历二十七年(1599)，太监潘相奉皇命抵达景德镇督造大龙缸，烧造许久，终不成功。潘相急煞，加倍逼迫和残害瓷工。童宾为抗议朝廷，纵身跳入燃着烈火熊熊的窑内，以骨作薪。第二天开窑一看，大龙缸竟出奇地烧成功了。瓷工们为纪念他，称颂童公为"风火仙师"，并在御窑厂的左侧建了一座风火仙庙。因为烧造瓷器，风与火是关键要素，因此，景德镇地区传统民间称之为"风火神""窑神"。

在面临谕旨难违的急迫情势和烧制瓷器的重重困难时，童宾不怕艰难，迎难而上，以骨为薪，用自己的生命换取烧制瓷器的成功，用生命谱写了一曲感人至深的英勇赞歌。他用自己的生命诠释了什么是真正的工匠精神——不畏艰难、迎难而上、勇于牺牲、追求卓越。

经典选读

杨惠之

【原文】

杨惠之，不知何处人。唐开元中，与吴道子同师张僧繇笔迹，号为画友，巧艺并著，而道子声光独显，惠之遂都焚笔砚，毅然发忿，专肆塑作，能夺僧繇画相，乃与道子争衡。时人语曰："道子画，惠之塑，夺得僧繇神笔路。"其为人称叹也如此。"惠之尝于京兆府长乐乡北太华观塑玉皇尊像，及汴州安业寺净土院大殿内佛像(睿宗延和元年七月二十七日改为大相国寺)，及枝条千佛东经藏院殿后三门二神、当殿维摩居士像，又于河南府广爱寺三门上五百罗汉，乃山亭院楞伽山，皆惠之塑也。先是惠之将塑楞伽山也，乃为大义净三藏咒其土，故至于今，跂行喙息，蠕飞蠕动物及飞禽悉不敢至山所。其精绝殊圣，古无伦比。

逮唐末广政中，冤句人黄巢贼乱京洛，焚燎寺宇几尽矣，惟惠之手迹，惜其神妙，率不残毁。故楞伽山亭，凡留题诗板，近逾百首，竟为判西京留守刑部侍郎晁直谅悉铲去之，今存者止三首尔。其一，成纪李琪题曰："善高天外远，方丈海中遥。自有山神护，应无劫火烧。坏文侵古壁，飞剑出寒霄。何以苍苍色，严妆十七朝。"其二，洛阳首座沙门净显曰："灵异不能栖鸟雀，幽奇终不着^①猨猱^②。为经巢贼应无损，纵使秦驱也谩劳。珍重昔贤留像迹，陵迁谷变自坚牢。"(本失二句)

且惠之之塑，抑合相术，故为今古绝技。惠之尝于京兆府塑倡优人留杯亭，像成之日，惠之亦手装染之，遂于市会中面墙而置之。京兆人视其背，皆曰："此留杯亭也。"其神巧多此类。后著《塑诀》一卷，行于世。

——刘道醇《五代名画补遗·塑作门》

【注释】

①着：附着，此处作"逗留"理解。
②猨(yuán)猱(náo)：泛指猿猴。

【译文】

杨惠之，不知道他是哪里人。在唐朝开元年间，他与吴道子一同师从张僧繇学习绘画技艺，被称为画友，两人的技艺都很出色。然而，吴道子的名声和成就更为显著，杨惠之于是烧掉了所有的笔砚，毅然发奋，决定专注于雕塑创作。他的雕塑技艺精湛到足以超过张僧繇的画作，能够与吴道子在艺术领域一较高下。当时的人们都说："道子画，惠之塑，夺得僧繇神笔路。"这就是人们对他的称赞。杨惠之曾经在京兆府长乐乡北太华观塑造了玉皇大帝的雕像，以及在汴州安业寺净土院大殿内塑造了佛像(在睿宗延和元年七月二十七日改为大相国寺)。他还在枝条千佛东经藏院殿后三门塑造了两位神祇和当殿的维摩居士像，同时在河南府广爱寺三门上塑造了五百罗汉像，以及山亭院的楞伽山雕像，这些都是杨惠之的雕塑杰作。在塑造楞伽山雕像之前，杨惠之还特别请来了大义净三藏和尚为雕塑所用的泥土进行神圣的咒语加持，因此至今为止，无论是行走的、爬行的动物，还是细小的飞行的昆虫，甚至是飞翔的鸟类，都不敢靠近楞伽山。他的雕塑技艺如此精湛，古时的无与伦比。

到了唐朝末年，广政年间，冤句人黄巢的贼军扰乱洛阳，烧毁了几乎所有的寺庙，但对于杨惠之的作品，因珍惜其神妙之处，大多数没有破坏。因此，楞伽山亭上留下了许多题诗的木板，近百首之多。然而，这些诗板最终被西京留守刑部侍郎晁直谅全部铲去，现在只剩下三首了。其一，成纪李琪题诗道："善高天外远，方丈海中遥。自有山神护，应无劫火烧。坏文侵古壁，飞剑出寒霄。何以苍苍色，严妆十七朝。"其二，洛阳首座沙门净显题诗道："灵异不能栖鸟雀，幽奇终不着猨猱。为经巢贼应无损，纵使秦驱也谩劳。珍重昔贤留像迹，陵迁谷变自坚牢。"（这里缺失了两句）

杨惠之的雕塑技艺符合相术的原理，因此被誉为古今的绝技。他曾经在京兆府塑造了倡优人留杯亭的雕像。雕像完成那天，杨惠之还亲手为其上色。然后，他把雕像放在市场中的一面墙前。京兆的人们看到雕像的背面，都说："这就是留杯亭。"其雕塑技艺的神奇巧妙大多是这样的。"后来，杨惠之还写了一卷《塑诀》，流传于世。

名匠之光

杨惠之，唐开元时雕塑家，生卒不详，吴郡（今苏州）人，创作活动于唐开元年间。

先与吴道子同学绘画，学张僧繇笔法，号为画友。后见吴名声渐重，于是焚毁笔砚，专攻雕塑，当时有"道子画，惠之塑，夺得僧繇神笔路"之说。杨惠之尤其擅塑罗汉像，首创将人物安排在山石背景中的样式——壁塑（亦称"影塑"）。他在南北各地寺院雕塑过许多塑像。他塑的倡优人留杯亭彩塑像，陈列于市中，人们从背面就能认出，可见雕塑技艺的高超。杨惠之还总结多年雕塑经验，写成《塑诀》一书，可惜自宋代后就失传了。

当无法在绘画领域取得突出成就时，杨惠之没有选择放弃，而是转变思路，不断超越自己，最终在雕塑艺术领域取得了非凡的成就。这种追求卓越、不断超越的精神，是杨惠之工匠精神的核心体现。他深入研究骨骼和神态特征，反复修改作品。他的专注钻研、精益求精的态度，使得他的作品栩栩如生，神光闪耀，如"千手观音像""十八罗汉像"等，都成为传世之作。他被人们尊称为"塑圣"。

经典选读

陈曼生

（一）

【原文】

爱阳羡之泥，创意造型，范①为茶具，艺林争宝之。得其一枚，珍逾拱璧②。至今称为"曼生壶"。

——叶衍兰、叶恭绰《清代学者象传合集》

【注释】

①范：用模子浇铸器物。

②拱璧：大的玉璧。壁，通"璧"。

【译文】

（曼生）喜欢阳羡的胶泥，创造性地设计出各种造型，用模子做成茶壶，喜欢陶艺的人士都争相把它当成宝贝。得到一把，比得到大的玉璧更为珍视。至今人们把这种壶称为"曼生壶"。

（二）

【原文】

曼生酷嗜摩崖①碑版②，行楷古雅有法度，篆刻得之款识为多，精严古宕，人莫能及。

——蒋宝龄《墨林今话》

【注释】

①摩崖：指把文字直接刻在山崖石壁上，内容通常有碑文、经文、佛像、诗赋等。

②碑版：碑碣上所刻的志传文字。

【译文】

陈曼生十分喜爱摩崖石刻和碑版文字，行书、楷书雅致而有古风、有规则，

83

他在篆刻方面的造诣，很大程度上得益于对古代器物上铭文的研究，他的篆刻作品精细严谨，古朴而又不失飘逸，当时的人没有谁比得上他。

（三）

【原文】

明清两代名手制壶，每每择刻前人诗句而漫无鉴别。或切①茶而不切壶，或茶与壶俱不切。……至于切定茗壶并贴切壶形做铭②者实始于曼生。世之欣赏有由来矣。

——李景康、张虹《阳羡砂壶图考》

【注释】

①切：贴近，切近。

②铭：铸刻在器物上的文字。

【译文】

明清两代的名家里手制作茶壶，往往选择前人的诗句刻在壶上，但漫无目标不加鉴别。有的与茶贴切而与壶不贴切，有的与茶和壶都不贴切。……至于用与茶和壶都十分贴切的文字来做茶壶上的铭文的，确实是从陈曼生开始的。世人都喜欢他制的茶壶是有来由的。

名匠之光

陈曼生（1768—1822），清代人，即陈鸿寿，字子恭，号曼生，浙江钱塘人，为"西泠八大家"之一。精于书画和刻印，同时擅长紫砂壶设计，是一位修养颇为全面的文人艺术家。

陈曼生曾任江苏溧阳知县，对于当地的制陶业颇为关注。为亲自研究制壶绝技，陈曼生结识了当时的紫砂壶制作名家杨彭年及其家人杨宝年、杨凤年等人。在他们的倾力合作下，陈曼生成功地将绘画、书法、诗词、刻印等文人画内容移植于紫砂壶器面上，使紫砂壶与文人绘画艺术全面深入结合，提高了紫砂艺术的文化艺术价值，为紫砂艺术的长远发展奠定了坚实的基础。他主张制壶创新，因他倡导"诗文书画，不必十分到家"，但必须见"天趣"。他把这一艺术主张付诸紫砂陶艺，形成壶界两大贡献。第一大贡献：把诗文书画与紫砂壶陶艺结合起来，在壶上用竹刀题写诗文，雕刻绘画。第二大贡献：他凭着天赋，即兴设计了诸多新奇款式的紫砂壶，为紫砂壶创新带来了勃勃生机。

陈曼生将多种艺术形式融为一体的创新精神，使得他的紫砂壶作品独具魅力，"曼生壶"知名于世，深受后人喜爱。

经典选读

唐　英

（一）

【原文】

内廷故多贤士大夫，见先生之少而好学，皆折节下交①，因而笔墨诗文遂以日进，而声誉亦日以起。

——沙上鹤《沈阳唐叔子蜗寄先生传》

【注释】

①折节下交：降低自己身份，去结交名气或地位不如自己的人。

【译文】

宫廷里本来多贤士大夫，看到唐英年少但很好学，都降低身份与他结交，因此唐英书法墨迹、作诗文的水平一天比一天进步，他的名声也一天比一天提高。

（二）

【原文】

唐英……工宋人山水人物，能画，诗有清思，榷①两淮、九江。珠山昌水见之笔墨者为多。曾主官窑事，制器甚精，今称唐窑，当亲制书、画、诗，付窑陶成，屏对②尤为奇绝。

——叶为铭《再续印人小传》

【注释】

①榷：征收，征税。引申为管理。

②屏对：屏条对联，这里指瓷制的雕字屏条对联

【译文】

唐英……擅长宋代风格的山水人物画，能作画，诗有清新之意。他曾管理两淮、九江。在他的作品中，以珠山昌水的笔墨表现为多。他曾主管官窑事务，制作的瓷器非常精美，如今被称为唐窑。唐英亲自创作书、画和诗，然后交付给窑工烧制，其中屏条对联之类的作品尤其奇特绝伦。

（三）

【原文】

公深谙①土脉、火性，慎选诸料，所造俱精莹纯全，又仿肖古名窑诸器，无不媲美；仿各种名釉，无不巧合；萃工呈能，无不盛备②；又新制洋紫、法青、抹银、彩水墨、洋乌金、珐琅画法、洋彩乌金、黑地白花、黑地描金、天蓝、窑变等釉色器皿。土则③白壤，而埴体厚薄惟腻。厂窑至此，集大成矣。

——蓝浦《景德镇陶录》

【注释】

①谙：熟悉。

②备：完备。

③则：表判断。

【译文】

唐英非常熟悉泥土的性质和火候的把控，慎重地挑选各种原料，所制作的瓷器都晶莹剔透，完美无缺。他还能仿制古代名窑的各种器物，无不与原作相媲美。他仿制的各种名釉，也无不恰到好处；他汇聚了工匠们的精湛技艺，各种技艺无不完备。此外，他还创新地研制出了洋紫、法青、抹银、彩水墨、洋乌金、珐琅画法、洋彩乌金、黑地白花、黑地描金、天蓝、窑变等多种釉色器皿。这些瓷器使用的是白色的瓷土，而胎体厚薄适中，质地细腻。景德镇窑在唐英的带领下，技艺达到了融会各家的境地。

名匠之光

唐英(1682—1756)，字俊公，晚号蜗寄老人，清代制瓷家。

他善于书法和绘画，精通制瓷器，清雍正六年（1728）始奉命驻景德镇御窑厂任协理官。乾隆年间先后管理淮安关及九江关并兼理窑务。在管理景德镇御窑厂的前后20余年中，唐英致力于制瓷工艺的研究。由于他潜心钻研陶务，并且身体力行，从而积累了丰富的制瓷经验。由他主持烧制的瓷器无不精美，深受两朝皇帝的赏识，因此，乾隆年间的官窑也被人们称为"唐窑"。在唐英的督办下，乾隆斗彩瓷器器形变化多端，装饰富贵华丽，色彩绚丽缤纷；纹饰图案多为缠枝莲花、双鱼、灵芝等吉祥物，主要器形有碗、盘、瓶等。

作为一名督窑的官员，唐英能放下身段，身体力行，向窑工们学习，对瓷器制作的各个环节都了如指掌。对陶瓷艺术的热爱和执着，使他将制陶视为自己的使命和责任，全身心投入工作中，不断追求更高的境界和更好的成果。他不断追求创新、突破自我，继承并发展了传统的陶瓷工艺，使得景德镇的陶瓷工艺在他管理的时代达到了巅峰。

陶艺，这门古老而深邃的艺术，在中国历史长河中闪耀着独特的光辉。古代杰出的陶艺工匠们，以泥土为纸，以火为笔，以心为墨，将自身的情感、技艺和智慧融入每一件作品之中，为我们留下了无数珍贵的艺术瑰宝。

古代杰出的陶艺工匠们，对待每一件作品都如同对待自己的孩子一般，倾注了全部的心血与精力。他们总是力求作品的完美形态和作品的完美呈现。这种对技艺和作品的极致追求，使得他们的作品具有了独特的魅力和价值。他们身上体现着对技艺的敬畏、对作品的热爱、对传承的重视以及对工艺的创新等工匠精神。

随着时代的变迁，陶艺也在不断发展与创新。现代杰出的陶艺大师们，在继承传统技艺的基础上，不断尝试新的材料、新的技法和新的表现形式。他们善于从生活中汲取灵感，将自然之美、人文之韵融入作品中，使得陶艺作品更加贴近时代、贴近生活。汝窑非物质文化遗产代表性传承人李廷怀不仅继承了汝瓷的传统制作技艺，更在此基础上进行创新，研发出了具有健康功能的"活态瓷"。这种瓷不仅外观惊艳，还兼具改善茶水活性、活化水质等多重功能。"青花大王"王步，他的青花艺术别具一格，创作出了特殊的分水技法，并独创了铁线描和折芦描。"紫砂仙子"汪寅仙，是第一批国家级非物质文化遗产项目宜兴紫砂陶制作技艺代表性传承人。她的作品以花卉为主题，色彩艳丽，造型生动，将自然之美与紫砂艺术完美结合。在景德镇，有许多杰出的陶瓷工匠，王锡良、张松茂、徐亚凤等大师，他们不仅继承了景德镇陶瓷的传统技艺，更在创新中展现出独特的风格。

在现代陶艺大师们的努力下，陶艺不仅得到了传承与发展，还逐渐走上了国际舞台。越来越多的中国陶艺作品在国际展览中崭露头角，赢得了世界各地的赞誉与关注。这不仅提升了中国陶艺的国际地位，也为中国文化的传播与交流做出了积极贡献。

中国古代杰出的陶艺工匠们为我们留下了宝贵的艺术遗产，现代杰出的陶艺大师们则在传承与创新中推动了陶艺的发展。我们应该珍惜这份宝贵的文化遗产，不断推动陶艺事业的繁荣与发展，让陶艺这门古老而深邃的艺术在新的时代里焕发出更加绚丽的光彩。

第五单元

文字之媒（造纸印刷）

单元导读

　　中华文化因文字而传播，文字又因何而流传？从刻在龟壳上，熔铸在青铜器上，到以刀刻于竹简木牍上，以笔墨写于绢帛纸张上，传统文字载体不断演进。纸的发明与改良是文字载体的重大革命。从古至今，文字的载体究竟是如何发展的呢？本单元选取四位优秀工匠的故事，展开历史画卷，呈现文字之媒的演化变迁。

　　公元 2 世纪初，蔡伦完成对造纸原料的开拓和造纸技术的创新，使得纸张制造成本大大降低，纸得以快速推广，并成为之后近两千年里文明的重要载体。但当时书籍的复制主要是依靠人来抄写，不仅容易出现错误，制作书籍的时间也较长，价格较高。其后虽逐渐出现了拓印、雕版印刷术等，加速了书籍、知识的传播，但出现了印制效率不高、操作不灵活等问题。几百年后的宋代，长期在杭州书肆做雕版刻工的毕昇，鉴于雕版印刷的艰难，为减少成本、提高排版效率，在总结前人经验的基础上，发明了活字印刷术。他的发明是印刷术由费工费时的雕版印刷进入高效率的活字印刷时代的标志，具有深远意义。元代王祯改良活字印刷术，在大德二年(1298)制造3万余个木活字，排印《旌德县志》100部。清代金简发展活字印刷术，创制木活字25万余个，撰成《武英殿聚珍版程式》，成为中国活字印刷史上的重要文献。活字印刷术的发明是印刷术发展中一个根本性的改革，对中国乃至世界文化事业有重大贡献。

经典选读

蔡 伦

(一)

【原文】

蔡伦字敬仲，桂阳人，为中常侍。有才学，尽忠重慎。每至休沐，辄①闭门绝宾客，曝②体田野。典作尚方，造意用树皮及敝布、鱼网作纸。元兴元年奏上之，帝善其能，自是莫不用。天下咸称蔡侯纸。

——刘珍等《东观汉记》

【注释】

①辄：就，即。

②曝(pù)：暴露在阳光下晒。

【译文】

蔡伦字敬仲，桂阳人。汉和帝时，升任为中常侍。蔡伦有才能学问，效忠皇帝，笃实谨慎。每到休息日，就谢绝宾客来访，到乡间考察。后来，蔡伦任尚方令，研制出了用树皮及破布、渔网造纸的技术。汉和帝元兴元年(105)上奏皇帝，皇帝夸赞他的才能，从此都采用他改进的技术造纸。天下都说蔡侯纸。

(二)

【原文】

东京①有蔡侯纸,即伦也。用故麻名麻纸,木皮名榖②纸,用故鱼网名网纸也。

——李昉等《太平御览》

【注释】

①东京:今洛阳。

②榖(gǔ):木名,又称"构""楮",即构树,落叶乔木。

【译文】

东京有蔡侯纸,侯就是蔡伦。按照他的方法,用麻造的纸叫"麻纸",用树皮造的纸叫谷纸,用破渔网造的纸叫网纸。

(三)

【原文】

蔡伦字敬仲,桂阳人也。……永元九年,监作秘剑①及诸器械,莫不精工坚密,为后世法。

自古书契多编以竹简,其用缣帛②者谓之为纸。缣贵而简重,并不便于人。伦乃造意,用树肤、麻头及敝布、鱼网以为纸。元兴元年奏上之。帝善其能,自是莫不从用焉,故天下咸称蔡侯纸。

——范晔《后汉书·蔡伦传》

【注释】

①秘剑:皇家用的刀剑。

②缣(jiān)帛:古代一种质地细薄的丝织品。

【译文】

蔡伦字敬仲,桂阳人。永元九年(97),监督制作秘剑以及各种器械,全都精密牢固,成为后代制作器械的规则。自古书籍大多都编成竹简,那些用丝织品的叫作纸。太贵而竹简太重,对人来说并不方便。蔡伦于是想出一种方法,用树皮、麻头及破布、渔网造纸。元兴元年(105)上奏皇帝,皇帝夸赞他的才能,从此都采用他的方法造纸,所以天下都称它们为蔡侯纸。

（四）

【原文】

枣阳县一百许步蔡伦宅，其中有造纸具。其傍有池，即名蔡子池。伦，汉顺帝时人，始以鱼网造纸。县人今犹多能作纸，盖伦之遗业也。

——盛弘之《荆州记》

【译文】

在枣阳县城一百步左右的地方，有蔡伦的住宅。住宅里边有造纸的器具。旁边有一口水池，就叫作蔡子池。蔡伦，是汉顺帝时的人，开始用渔网制造纸。现在县城里还有许多人能够制作纸，这大概是蔡伦传下来的事业吧。

名匠之光

蔡伦（约62—121），字敬仲，桂阳郡（今湖南彬州）人。中国东汉宦官、发明家。永元十四年（102），蔡伦在皇后邓绥的支持下，总结以往人们的造纸经验，革新造纸工艺，最终制成了蔡侯纸。

夏商时期人们发明了文字，开始书写在甲骨文上。春秋时期，人们将文字书写在竹片、木片及缣帛上。但缣帛太昂贵，不利于普及；竹片太笨重，不利于携带。西汉初年，人们发明了纸。最初的纸由树皮和破布制成，质地粗糙，表面不光滑，不适合书写，一般只用于包装。到了东汉时期，宦官蔡伦总结前人的造纸经验，改进当时的造纸技术，扩大了造纸原料的来源，把树皮、破布、麻头和渔网这些废弃物品都充分利用起来，降低了纸的成本，开创了近代木浆纸的先声，为造纸业的发展开辟了广阔的天地。经过十多年的辛勤探索和反复实践，蔡伦在元兴元年（105）将造纸的方法写成奏折，连同纸呈献给汉和帝。和帝对此大加赞赏，并诏令天下朝廷内外使用并推广。由于在全国各地逐步推行的新造纸方法是蔡伦发明的，人们便把这种纸都称为蔡侯纸，后世纸工奉蔡伦为造纸鼻祖、"纸圣"或"纸神"。古代文献对蔡伦造纸多有记载，使造纸技术得以流传和发展，并传播到世界各地，成为人类历史上的重大发明。

蔡伦改进的造纸术展示了其对技艺和工艺的执着追求，代表了人类智慧的结晶。尽管这种技术已经存在了一千多年，但是随着时代的发展和技术的进步，人们仍然可以通过不断的创新和实践，让这种技术更加完善和进步。通过阅读蔡伦的故事，我们可以学习他的创新意识和实践能力，培养自己的工匠精神，提高自己的职业素养和实践能力。

经典选读

毕　昇

【原文】

庆历中，有布衣①毕昇，又为活板。其法用胶泥刻字，薄如钱唇②，每字为一印，火烧令坚③。先设一铁板，其上以松脂、蜡和纸灰之类冒④之。欲印，则以一铁范⑤置铁板上，乃密布字印。满铁范为一板，持就火炀⑥之，药稍镕⑦，则以一平板按其面，则字平如砥⑧。若止印三二本，未为简易；若印数十百千本，则极为神速。常作二铁板，一板印刷，一板已自布字。此印者才毕，则第二板已具。更互用之，瞬息可就。每一字皆有数印，如"之""也"等字，每字有二十余印，以备一板内有重复者。不用，则以纸贴⑨之，每韵⑩为一贴，木格贮之。有奇字素无备者，旋刻之，以草火烧，瞬息可成。不以木为之者，木理有疏密，沾水则高下不平，兼与药相粘，不可取。不若燔土⑪，用讫⑫再火令药镕，以手拂之，其印自落，殊不沾污。

——沈括《梦溪笔谈·技艺》

【注释】

①布衣：平民。

②钱唇：铜钱的边缘。

③火烧令坚：用火烧，令其变得坚硬。

④冒：盖住，覆盖。

⑤铁范：铁框。

⑥炀：烘烤。

⑦镕：融化

⑧砥：质地细的磨刀石。

⑨贴：通"帖"，标签。这里指写上标签。

⑩韵：韵书中的韵目。隋唐以后的韵书把诗词中押韵的字归为一类，取一个代表字作为韵目。

⑪燔(fán)土：指用胶泥烧制成的字模。

⑫用讫：用完。

【译文】

庆历年间，有个平民叫毕昇，又发明了活版印刷。它的办法是用黏土来刻字模，(字模)薄得跟铜钱的边缘一样，每个字刻一个字模，用火烧使它坚硬。先设置一块铁板，在上面用松脂、蜡和纸灰这类东西覆盖着。要印的时候，在铁板上放一个铁框，(然后)就密密地排满字模，排满了就成为一板，(再)让它靠近火边烤，(等到)药料稍稍熔化，就用一块平板压在上面，字模像磨刀石那样平。如果只印两三本，还不算简便；如果印几十甚至成百上千本，那就极其快了。通常做两块铁板，一块板印刷，另一块板已经在排字了。这一块刚刚印完，第二块板已经准备好。两块板交替使用，在极短的时间里就可以印完。每一个字都备有数个字模，像"之""也"等字，每一个字都有二十多个字模，用来预备它们在一板内有重复的。不用的时候，就用纸写成标签，每一个韵部的字做一个标签，用木格子把它们存放起来。遇到平时没有准备的生僻字，立即刻制，用草烧火烘烤，一会儿就能制成。不用木头刻字模的原因是木的纹理疏密不均，一沾水就会变得高低不平，再加上跟药料等粘在一起，取不下来，不像用胶泥烧制的字模，印完后再用火烘烤，使药料熔化，用手一掸，字模自然就掉了下来，一点儿也不会被药料弄脏。

名匠之光

毕昇(？—约1051)，生于淮南路蕲州蕲水县(今湖北省黄冈市英山县)，中国北宋发明家，活字印刷术的发明者。出身平民，长期在杭州书肆做雕版刻工，专事手工印刷。在雕版印刷实践中，鉴于雕版印刷的艰难，为减少成本、提高排版效率，其在总结前人经验的基础上，发明了活字印刷术。其法未及推行即卒，事迹仅见于沈括《梦溪笔谈》。

中国是最早发明印刷术的国家。最初的印刷方法是把图文刻在木板上用水墨印刷，现在的木版水印画仍用此法，统称为雕版印刷术。到了唐代，雕版印刷在中国已非常盛行，并先后传至朝鲜、日本、越南、菲律宾、伊朗等国，影响到非洲和欧洲。但雕版印刷术采用人工刻字，费时费力，效率较低，且容易出错等。鉴于此，长期专事雕版印刷的毕昇，总结经验，发明了活字印刷术。据沈括的《梦溪笔谈》记载，毕昇发明了在胶泥片上刻字，一字一字模，印完烧硬后，便成活字的印刷方法。

毕昇发明的是一套完整的活字版工艺技术，这是印刷术由费工费时的雕版印刷进入高效率的活字印刷时代的标志，是人类智慧的璀璨结晶，充分展现了人们对知识和文化的无限追求。活字印刷术的发明是中国印刷术发展中一个根本性的改革，也是中国古代四大发明之一。毕昇的活字技术广为传播，是举世公认的用活字印刷的第一人，对中国和世界文化事业有重大贡献。

经典选读

王 祯

【原文】

今又有巧便之法，造木作印盔①，削竹片为行，雕板木为字，用小细锯锼开各作一字，用小刀四面修之，比试大小高低一同，然后排字作行，削成竹片夹之。盔字既满，用木楔②楔之，使坚牢。字皆不动，然后用墨刷印之。

写韵刻字法。先照监韵③内可用字数，分为上下平、上、去、入五声，各分韵头，校勘字样，抄写完备，择能书人取活字样，制大小写出各门字样，糊于板上，命工刊刻。稍留界路，以凭锯截。又有如语助辞"之""乎""者""也"字及数目字，并寻常可用字样，各分为一门，多刻字数，约有三万余字。写毕，一如前法。……

锼④字修字法。将刻讫板木上字样，用细齿小锯，每字四方锼下，盛于筐筥⑤器内。每字令人用小裁刀修理齐整。先立准则，于准则内试大小高低一同，然后另贮别器。

作盔嵌字法。于元写监韵各门字数，嵌于木盔内，用竹片行行夹住，摆满，用木楔轻楔之，排于轮上，依前分作五声，用大字标记。

造轮法。用轻木造为大轮，其轮盘径可七尺，轮轴高可三尺许。用大木砧凿窍^⑥，上作横架，中贯轮轴，下有钻臼^⑦，立转轮盘，以圆竹笆铺之，上置活字，版面各依号数，上下相次铺摆。凡置轮两面，一轮置监韵板面，一轮置杂字板面。一人中坐，左右俱可推转摘字。盖以人寻字则难，以字就人则易，此转轮之法，不劳力而坐致字数，取讫，又可补还韵内，两得便也。

取字法。将元写^⑧监韵另写一册，编成字号，每面各行各字俱记号数，与轮上门类相同。一人执韵，依号数喝^⑨字。一人于轮上元布轮字板内取摘字只，嵌于所印书板盔内。如有字韵内别无，随手令刊匠添补，疾^⑩得完备。

作盔安字刷印法。用平直干板一片，量书面大小，四围作栏，右边空，候^⑪摆满盔面，右边安置界栏，以木楔楔之。界行内字样，须要个个修理平整。先用刀削下诸样小竹片，以别器盛贮，如有低邪^⑫，随字形衬垫^⑬楔之，至字体平稳，然后刷印之。又以棕刷^⑭顺界行^⑮竖直刷之，不可横刷。印纸亦用棕刷顺界行刷之。此用活字板之完法也。

——王祯《农书·造活字印书法》

【注释】

①印盔：这里指活字印刷中使用的印框。

②木楔(xiē)：一端粗、一端锐的小木楔，插进榫缝中使接榫固定。

③监韵：由国家最高学府国子监出版颁行的韵书。

④锼(sōu)：镂刻。

⑤筐筥(jǔ)：筐与筥的并称。方形为筐，圆形为筥。亦泛指竹器。

⑥凿窍：凿孔。

⑦臼：舂米的器具，用石头制成，样子像盆。

⑧元写：原来写的。元，通"原"。

⑨喝：叫。

⑩疾：快速。

⑪候：等到。

⑫低邪：高低不平、倾斜。

⑬巋：支撑。

⑭棕刷：用棕榈树生长的棕丝和剑麻纤维制成的各种刷子。

⑮界行：指文字或图案的排列线。

【译文】

现在又有一种巧妙的办法，制造木制的印模，削竹片为行，雕刻木块作为字，周围锯开成为小细块，每个小细块做一个字，用小刀对四面进行修整，使它们大小高低相同，然后排列字行，削成竹片夹住。印模满字后，用木楔塞紧，使它坚固。字都不能动，然后用墨刷印。

写韵刻字法。根据官方韵书中可用的数字，将它们分为上平、下平、上、去、入五声。接着，在每个声调下再细分韵头，仔细校对并勘正字样，确保无误后抄写完整。然后，挑选擅长书法的人，根据活字样本，制作并书写出各种大小、各种门类的字样，将这些字样粘贴在木板上，然后安排工匠进行雕刻。在雕刻时，要稍微留出一些边界空间，以便后续根据需要进行锯截。此外，还有一些如语气助词"之""乎""者""也"、数字、常用字，这些被单独归为一类，并大量刻制，总数有三万余字。当所有字样都书写并粘贴完毕后，就按照前面的方法进行后续的刻字工作。

锼字修字法。先在木板或木料上刻好所需的文字或图案，然后使用一种细齿的小锯子，沿着每个文字的四周进行精细的锯割，将每个字单独锯下，放入筐子或筥(古代一种盛物的竹器)等容器中。安排专人使用小巧的裁刀，对每个字进行精细的修整，使其边缘更加整齐、平滑。在进行修整之前，先设定一个"准则"，工匠们会先在"准则"内试修几个字，确保它们的大小、高低等规格完全一致后，再将剩下的字按照同样的标准进行修整。将修整好的字块分别放入另一个容器中。

作盔嵌字法。将原本根据官方韵书所抄写的各类字数，嵌入一个特制的木盔内部。这些字数被精心地排列，使用竹片逐行夹住，以确保它们稳固地放置在木盔内，并且排列得满满当当。接着，使用木楅轻轻地敲打或调整这些字数，将装有字数的木盔放置在转轮上。根据前面已经分好的五韵，使用大字来标记这些分类。

造轮法。选用轻便的木材制作一个大型转轮，这个转轮的轮盘直径可以达到七尺，而轮轴的高度则为三尺左右。使用大木砧凿出孔洞，并在其上制作一个横架，这个横架中间贯穿轮轴。在横架下方，设置一个可以立转的圆盘，并在圆盘上铺设圆竹笆，以便在上面放置活字。活字按照事先编排好的号数，依次在版面上铺摆整齐。这个转轮设计为双面使用，一面放置按照官方韵书分类的板面，另一面则放置杂字板面。使用时，一人坐在转轮中间，左右手都可以方便地推动转轮并摘取所需的字。因为人找字难，但字随人转则容易，这就是转轮法的巧妙之处。它不仅能够节省人力，还能在取字后迅速将字补还到原韵类中，实现了取用和归还的双重便利。

取字法。将原本根据官方韵书所抄写的字数另行抄写成一册，并为这些字数编排字号。每一面、每一行、每一个字都需要细心地标记上号数，确保这些号数与转轮上各门类划分的号数一致。（分配两个人进行操作。）一人负责执掌韵书，根据所需的字号大声报出相应的字。另一人则根据报出的字号，在转轮上原先布置好的轮字板内迅速找到并摘取所需的字。这些被摘取的字会被嵌入准备印刷的书板盔内。如果在韵书中找不到所需的字，那么会立即指示刻匠进行添补雕刻，可以迅速而完备地获得所有需要的字。

作盔安字刷印法。准备一块平直的干木板，根据书面的大小来量取并裁剪，在木板的四周围上边框，但右侧留空，当将活字按照版面要求摆满盔面后，可以在右侧安置界栏，并使用木楔轻轻敲打。对于界行内的每一个字样，都需要仔细地进行修整，确保它们平整无瑕疵。先使用刀具削制各种形状的小竹片，将这些小竹片存放在单独的容器中。如果发现某个字样位置偏低或倾斜，就根据字形的需要，使用合适的小竹片进行衬垫和调整，直到所有字样都达到平稳的状态。修整完字样后，就可以开始进行刷印工作了。使用棕毛刷子顺着界行的方向竖直地刷墨，切记不可横刷。在将印纸覆盖在版面上进行印刷时，也要使用棕毛刷子顺着界行的方向进行刷印。这是使用活字版的完备方法了。

名匠之光

前有毕昇发明活字印刷术，后有王祯推行、改进活字印刷术，于大德二年（1298）制造3万余个木活字，一个月内排印《旌德县志》100部。其大约在元成宗大德四年（1300）著成《农书》。《农书》末附撰《造活字印书法》，详细记述其木活字印刷术的具体流程。

　　王祯制作木活字排版的主要方法如下：①写韵刻字法。按韵分别写字样，贴于板上刊刻。常用字增刻字数。共 3 万余字。②锼字修字法。把板上已刻的字锯开成单字，修齐，以"准则"统一大小高低。③作盔嵌字法。把木活字依韵放入木盔(专用木制盛器)，并排在转轮排字架上。④造轮法。制造木质转轮排字架，推动转轮，以字就人，便于取字、还字。⑤取字法。排版时，一人读字号，一人从轮上取字。⑥作盔安字刷印法。按一定规则排在一块平板(四边有栏)上，用小竹片等填平稳，然后顺界行纵向刷印。

　　王祯的木活字印刷术不仅提高了印刷效率，同时也为印刷文化的传承和发展做出了重要的贡献。木活字印刷术的发明，源于王祯对印刷技术的深入研究和探索。王祯的发明不仅是对印刷技术的创新，更是对传统文化的保护和传承。

经典选读

金　简

【原文】

　　初，乾隆三十八年诏纂修《四库全书》，复命择其善本，校正剞劂①，以嘉惠②艺林。金简实司③其事，因枣梨④繁重，乃奏请以活字排印，力省功多。得旨俞允⑤，并锡以嘉名，纪以睿藻⑥。行之三载，印本衣被于天下。金简因述其程式，以为此书。考沈括《梦溪笔谈》……活字之法，斯其权舆⑦。然泥字既不精整，又易破碎。松脂诸物亦繁重周章⑧，故王祯《农书》所载活字之法，易以木版。其贮字之盘，则设以转轮，较为径捷，而亦未详备。至陆深《金台纪闻》所云铅字之法，则质柔易损，更为费日损工矣。是编参酌旧制，而变通以新意。首载诸臣奏议，次载取材雕字之次第，以及庋置⑨排类之法。凡为图十有六，为说十有九。皆一一得诸试验，故一一可见诸施行。

　　　　　　——纪昀等《四库全书总目提要·史部·政书类·钦定武英殿聚珍版程式》

【注释】

　　①剞(jī)劂(jué)：刻镂用的刀和凿子。

②嘉惠：施予恩惠。

③司：主持。

④枣梨：指雕版印刷。

⑤俞允：帝王允许臣下的请求。

⑥睿藻：圣哲的辞藻。颂扬帝王诗文的用语。

⑦权舆：起始、萌芽。

⑧周章：大费周章，指事情复杂，办起来非常困难。

⑨庋（guǐ）置：收藏，搁置。

【译文】

起初，乾隆三十八年皇帝下令编纂《四库全书》，又命令选择好的版本，进行校对和刻印，以造福于学术界。金简负责这件事，因为雕版印刷工作繁重，就上奏请求用活字排印，这样节省了很多人力。皇帝下旨答应了他的请求，并赐予他美好的名字，用圣哲的辞藻记述这件事。实行了三年，印本遍布天下。金简因此记述了它的制作过程，写成了这本书。考察沈括《梦溪笔谈》……活字印刷的方法就是从这里起源的。但是泥做的字既不精致也容易破碎，松脂等物品办起来也笨重烦琐，所以王祯《农书》中所记载的活字印刷方法改为木版。它用来存放字的盘，则设置成转轮式的，比较轻便，但也不够完备。到了陆深《金台纪闻》所记载的铅字印刷方法，质量就比较柔软，容易损毁，耗费的时间和工夫也更多。这部书参照旧有的制度而加以变化创新。首先记载了各位大臣的奏议，其次记载取材和雕刻文字的顺序以及存放排列的方法。总共有十六幅图和十九篇说明。都是经过反复试验得出的结果，所以都可以付诸实施。

名匠之光

毕昇之后，代有"毕昇"。如果称王祯为"第二代毕昇"的话，那么金简就当得上"第三代毕昇"了。金简（？—1794），字可亭，包衣①之后，朝鲜族人，后

---

① 包衣：满语"包衣阿哈"的简称。亦简作"阿哈"。"包衣"即"家的"，"阿哈"即"奴隶"。汉译为"家奴""奴隶""奴仆"等。历史上满族社会的最低阶级。为满族贵族所占有，没有人身自由，被迫从事各种家务劳动和生产劳动。

入旗籍，总管内务府大臣，后被委派具体负责内府刊刻事务。他曾于1773年奏请皇上用活字刻《四库全书》。为求恩准，他比对了雕板和活字的成本，以刻印《史记》为例，算了一笔账。乾隆看了，欣然朱批："甚好，照此办理。"并封金简为编纂《四库全书》的副总裁。

活字付用还有许多技术难关需要攻克，如活字的排版和刷印。每排一个字，都必须从千万字中精准而快速地拿出来。因此金简改用字柜储字，十二个字柜一气排开，每柜又分抽屉两百个，每屉分大小八格，字都按格贮放，以部首检出，效率更高。到了刷印环节，务必使字排稳。金简直接用梨木板刻出格线，下装活阀，将字块嵌入后拧紧活阀，刷印起来就有纹丝不动的效果，版面随之更为服帖漂亮。

在实践过程中，金简不断优化工艺，试出全套行之有效而且可学、可复制、可程式化、可标准化、可以总结成文的技法。1776年，金简撰成《武英殿聚珍版程式》一书，记载了活字印刷全过程，并一一附图说明各道工序。此书是继《梦溪笔谈》《农书》之后论活字印刷术的又一部重要著述。金简继承了毕昇的活字印刷技术，并在此基础上进行了改进和创新。他发明了金版印刷法，使得印刷技术更加高效、精准，为当时的书籍出版和文化传播做出了巨大贡献。

匠心
传承

中华文明何以源远流长，向世界传播？除了成熟的文字和书写系统外，同样重要的原因之一是有着不断发展、完善的传播媒介。早期的铭文多刻于甲骨、青铜、玉石和陶泥上。随着时间的推移，短小的铭文逐渐转向篇幅更长的文献，记录在竹帛上。然而，这些载体或笨重或昂贵，较难扩散。东汉时，蔡伦总结前人造纸经验，改进当时的造纸技术，创造出蔡伦纸。从此纸张在全球范围内广泛流传，减轻了阅读的困难，打破了文化传播、交流的限制。之后，活字印刷术的发明和改进，打破了上层阶级对知识的垄断，促进了各国文化的发展。

民国时期印刷行业领袖陈岳云，早年在长沙开办纸印公司，抗日战争爆发后，迁到重庆，改名为"中国印刷厂"。其不以牟利为重，而把爱国放在第一位，曾帮助以周恩来为书记的中共中央南方局在重庆印刷《新华日报》、《群众》杂志和其他出版物。中央印刷厂有着高效的印刷速度和良好的印刷质量，陈岳云被称为"印刷之王"。中华人民共和国成立后，我国建立了不少国营书刊印刷厂。到了 20 世纪 80 年代，范慕韩带队到多个印刷厂深入调查研究，主持组织起草了我国印刷技术装备"六五""七五"发展规划，并全力支持我国自主开发的华光计算机激光照排系统。之后，我国相继制造出精装联动机、高速骑马订联动机、电子分色机、激光汉字编排系统、四色胶印机等多种大型高级设备，不断提升印刷质量、效率。

21 世纪以来，随着计算机、手机等数码产品的发明和普及，文字的载体又发生了巨大改变，从以前的纸质载体开始转向电子载体。数字化让信息复制在刹那间完成，无论男女老少都可以凭借显示屏阅读文字，还可凭借显示屏直接检索到自己想阅读的内容。随着时间的发展，文字之媒又会发展成什么样呢？无论科技如何发展，文字的媒介都需要在总结前人经验的基础上，不断创新，让其适应当时人们的需求。

从汉代蔡伦到宋代的毕昇、元代的王祯、清代的金简，再到近代的陈岳云、范慕韩，他们在文字传播上的功劳是显赫的，也是各不相同的，但他们都有着相同的精神，那就是创新精神。正是因为创新精神，他们没有循规蹈矩，而是仔细观察他人操作，翻阅前人典籍，总结前人经验，最终推陈出新，创造出新的文字媒介、印刷方法和改进印刷方法。通过了解他们的经历，学习他们的事迹，我们可以有意识地培养自己的创新意识和实践能力，提高自己的职业素养和工作能力，努力在各个领域追求卓越、推动创新。只有这样，我们才能更好地继承和发扬中华优秀传统文化，为人类文明的进步做出更大的贡献。

第六单元
织锦纺绣(纺织印染)

单元
导读

　　中国纺织行业有着厚重的历史底蕴，无数纺织能手以其精湛技艺为行业的繁荣发展做出了不可磨灭的贡献。本单元精心遴选四位代表性纺织能手的故事，旨在通过他们的足迹，微观而深刻地展现我国纺织行业波澜壮阔的发展历程。远古时期，古人智慧地利用自然界的馈赠，如植物纤维与兽皮，简单加工以抵御严寒。这标志着人类纺织文明的初步萌芽。至黄帝时代，嫘祖的养蚕缫丝技术，不仅极大地丰富了人们的衣着，更开启了丝绸文明的辉煌篇章。同时，伯余通过手工编织，初步实现了衣物的编织，为后续的纺织技术革新奠定了基石。这些原始而质朴的创造，虽技术简朴，却极大地推动了社会的进步，为纺织业的持续繁荣播下了希望的种子。

　　随着农业文明的繁荣与金属技术的飞跃发展，纺织业逐渐崭露头角，成为社会经济的重要组成部分。秦汉之际，中央政府设立专管机构，规划纺织产业布局，促进了丝绸生产的兴盛，直接促成了丝绸之路的开辟，加速了东西方文化的交流与融合。此时，衣物不仅满足了基本保暖需求，更承载了审美追求、社会礼仪乃至阶级象征等多重意义。汉朝时期，陈宝光妻的织绫技艺与提花机创新，更是将纺织艺术推向了新的高度。进入魏晋时期及唐代，纺织技术迎来又一轮飞跃。马钧对织布机的改良，显著提升了生产效率。唐代以后，纺织机械的日臻完善，更是为纺织业的蓬勃发展插上了翅膀。及至元朝，黄道婆的贡献尤为显著，她不仅推广棉花种植，还改良了棉纺织技术，她的错纱、配色、综线、挈花的精湛技艺，极大地丰富了纺织品的花色与品质，推动了纺织业向更高层次的工厂化、规模化方向发展。元明清时期，纺织业在继承与创新中不断前行，产品日益多样化、精细化，成为中国古代经济、文化与社会进步的生动写照。纺织，这一古老而又充满活力的行业，不仅编织了中华民族绚烂多彩的服饰文化，也见证了华夏文明漫长的历史进程。

经典选读

嫘 祖

（一）

【原文】

正妃西陵氏之女嫘祖，生二子。为帝之妃，始教民育蚕，治①丝蚕以②供衣服。

——刘恕《通鉴外纪》

【注释】

①治：从事，经营。

②以：相当于"来"，表目的。

【译文】

黄帝的正妃即西陵氏的女儿嫘祖，生了两个儿子。成为黄帝的妃子后，（她）开始教子民养蚕缫丝来做成衣服。

(二)

【原文】

嫘祖首创种桑养蚕之法，抽丝编绢之术，谏诤[①]黄帝，旨定[②]农桑，法制[③]衣裳，兴嫁娶，尚礼仪，架宫室，奠国基，统一中原，弼[④]政之功，殁[⑤]世不忘。是以尊为先蚕[⑥]。

——赵蕤《嫘祖圣地》

【注释】

①谏诤(zhèng)：规劝。

②旨定：下令制定。

③法制：依法制定。

④弼(bì)：辅佐。

⑤殁(mò)：通"没"。

⑥先蚕：最早教民养蚕的神。

【译文】

嫘祖第一个开创种植桑树养蚕和抽丝织绢的方法，她规劝黄帝，下令制定务农种桑的法令，依法制定衣服，推行女嫁男娶制度，崇尚礼仪文化，构筑宫室，奠定国家基础，帮助黄帝统一中原。嫘祖辅佐国家的功劳，让世人永远不会忘记。因此，世人尊称她为"先蚕"(蚕祖)。

(三)

【原文】

帝初闻西陵氏女嫘祖，聪明温顺，聘娶为妃。常来游河滨，见树上都有白团，似鸟卵，而欲掰视，中有虫如指，询之土人，云龙与马交，遗精所化，嫘祖取置于器，越日[①]出蛾，雌雄相配，自辰亥始解，生子无数。嫘祖藏之来春，皆生小虫，采桑嫩叶饲之。桑叶渐老，其虫亦大而能食。见其攒簇[②]，名之曰"蚕"(又曰"天虫")。自身白有光，即不食。嫘祖以草布蚕于上，自然吐丝、作团，名之曰"茧"。摘而挪沸汤[③]缫[④]之，绎[⑤]而为丝。造机抒[⑥]，织成布帛，可以衣[⑦]体，至是遂为人用。复以草木之华，染化五采[⑧]文章[⑨]，为衣服之美，而天下不患皲[⑩]瘃[⑪]。

——徐道《历代神仙通鉴》

【注释】

①越日：第二天。

②攒（cuán）簇：集在一处。

③沸汤：滚开的水。

④缫（sāo）：把蚕茧浸泡在水里抽出丝。

⑤绎（yì）：抽丝。

⑥机抒：织布机。抒，通"杼"。

⑦衣（yì）：穿（衣服）。

⑧五采：亦作"五彩"，指青、黄、赤、白、黑五种颜色。

⑨文章：有纹样的表面。

⑩皴（cūn）：皮肤因受冻或受风吹而干裂。

⑪瘃（zhú）：病名，即冻疮。

【译文】

　　黄帝听说西陵氏的女儿嫘祖十分聪明温顺，于是娶她为妃。嫘祖常去河边，看到树上有像鸟卵一样的白团，于是想要掰开看看。白团中间有虫子，和拇指一样大。（嫘祖）问当地人这是什么虫，当地人说这是天上的神龙和神马相交所生。嫘祖取回一些白团放在器皿中，第二天虫子变成了飞蛾，飞蛾雌雄相配，从辰时到亥时，产卵无数。嫘祖将虫卵保存到春天，发现虫卵都孵出了小虫，并采摘嫩叶来喂养它们。桑叶渐渐枯黄，虫子渐渐长大。嫘祖看见虫子吐丝做团，所以给它取名为蚕（又叫作天虫）。从蚕通体为白色且透亮有光后，就不再喂食。嫘祖把草放在蚕身上，蚕渐渐吐丝作团，嫘祖将白团取名为"茧"。嫘祖将蚕茧摘下，用热水将蚕茧煮软，可以把茧中的丝抽出，做成丝。随后，她制作织布机，将丝织成布匹，可以穿在身上，到了此时就被人使用。嫘祖又用草木的颜色将布匹染成青、黄、赤、白、黑五种颜色的纹样，这样就成为华美的衣服，天下人就不会因受风或受冻而皮肤干裂或长冻疮。

名匠之光

　　嫘祖，也写作"傫祖""雷祖""累祖"，是中国史前社会传说中的人物之一，为西陵氏之女、轩辕黄帝的元妃。

大约在距今 3500 年前，水土丰茂的成都平原上，有一位美丽、善良的姑娘，她出生在西陵国嫘村一户人家。她在成都平原上发现了桑树和蚕，并发现了蚕作茧自缚、吐丝做茧。她看到蚕丝既有韧性，又很轻巧，便将其编成衣服给父母穿。蚕丝织成的衣服冬暖夏凉，实用价值很高。受此启发，她将蚕捉回家喂养，逐渐掌握了养蚕缫丝的技艺，并推广给当地人，从此西陵国的人穿上了美丽轻巧的丝织品。西陵国首领将这位姑娘收为女儿，取名"嫘祖"。嫘祖发明养蚕织丝的消息很快传遍了神州大地，其他部落的首领纷纷来到西陵国，向嫘祖求婚。最后，黄帝来到西陵国，顺利和嫘祖结为夫妻。二者结为夫妻后，嫘祖不仅将养蚕缫丝的技术带到了中原，她还规劝黄帝，下令制定务农种桑的法令，依法制定衣服，推行女嫁男娶制度，崇尚礼仪文化，构筑宫室，奠定国家基础，帮助黄帝统一中原。嫘祖辅佐国家的功劳，让世人永远不会忘记，因此世人尊称她为"先蚕"（蚕祖）。

嫘祖首创种桑养蚕之法，抽丝织绢之术，为人类从愚昧走向文明做出了重大贡献，是我们应当学习和宣扬的创造人类社会文明的光辉模范，也是人们永世歌颂的典范。

经典选读

伯 余

（一）

【原文】

古者民泽处复穴，冬日则不胜霜雪雾露，夏日则不胜暑蛰蚊虻①。圣人乃作，为之筑土构木，以为宫室，上栋下宇，以蔽风雨，以避寒暑，而百姓安之。伯余之初作衣也，緂②麻索缕，手经指挂，其成犹网罗。后世为之机杼胜复③，以便其用，而民得以掩形御寒。

——刘安《淮南子》

【注释】

①蚛(zhòng)：虫啮，被虫咬残。

②緂(tián)：缉，搓。

③胜复：通"滕楅"，指织布机。

【译文】

古时候人们住在水乡泽国，于堤岸山崖上打洞栖身，冬天难以忍受霜雪雾露的侵袭，夏天难以忍受暑热和蚊虫的叮咬。于是圣人就为百姓筑土构木建成房舍，这样上有瓦梁，下有屋檐，可以用来遮风挡雨、躲避寒暑，百姓从此得以安宁。伯余开始制作衣服，搓麻绳、捻麻线，手缠指绕编结成像罗网那样的衣服。后代根据这些原理发明了织布机，这样就方便人们纺织布帛，使百姓得以掩蔽身体，抵御风寒。

（二）

【原文】

《中华古今注》曰：轩辕臣胡曹作衣，伯余作裳①，荀始为冠②，于则作扉履，容成作历，大挠③作甲子，车区占星气，伶伦④作律吕⑤，隶首作算，夷羿作弓，祝融作市，仪狄作酒，高元作室，虞姁作舟，伯益作井，赤冀作杵臼⑥，乘稚作驾，寒哀作御，玉冰作服牛，巫彭作医，巫咸作筮⑦。

——胡煦《周易函书别集》

【注释】

①裳：古人束在下半身、长至膝盖的一种衣服，类似于裙子。

②冠：帽子。

③大挠：传说为黄帝史官。

④伶伦：又称泠伦，中国古代发明律吕、据以制乐的始祖，即中国音乐的始祖，为黄帝时代的乐官(《吕氏春秋·仲夏纪》)。

⑤律吕：古代乐律的统称，可分为阳律和阴律，是有一定音高标准和相应名称的中国音律体系。

⑥杵臼：指舂捣粮食或药物等的工具。

⑦筮(shì)：用蓍草占卜。

【译文】

《中华古今注》记载：黄帝的臣子胡曹制作上衣，伯余制作下衣，荀始制作帽子，于则制作用麻编织的鞋子，容成发明历法，大挠氏创造了天干地支的系统，车区占星望气，伶伦发明律吕制乐，隶首制作算数，夷羿制作弓箭，祝融建立市场，仪狄发明酿酒，高元发明了屋子，虞姁发明舟船，伯益发明井，赤冀制作舂捣粮食或药物等的工具，乘稚制作驾车，寒哀发明驭马术，玉冰开始驯服牛来拉车，巫彭开始使用医术，巫咸创造了算卦术。

名匠之光

伯余是中国古代传说最早造衣之人，旧时纺织业中机户所崇拜的行业神，生活于距今 6900—6500 年的半坡文化时期。

在原始社会，人们住在水乡泽国，在堤岸山崖上打洞栖息，既要忍受霜雪雾露的侵袭，又要忍受暑热和蚊虫的叮咬。于是圣人就为百姓筑土构木建成房舍，可以用来遮风挡雨、躲避寒暑，百姓从此得以安定。之后，黄帝的臣子伯余开始制作衣服，用搓麻绳、捻麻线的方式，将麻线手缠指绕编结成像罗网那样的衣服。后来又发明了织布机，这样就方便人们纺织布帛，使百姓得以遮体御寒。

伯余通过多次尝试，凭借其坚忍不拔的精神，最终选取麻线这种适合编织的材料来编织粗糙的衣服。虽然他所织的罗网式衣服有些简陋，但服饰的产生可以让人类开始安定下来，也是人类产生审美意识、走向文明的标志。他在手工制衣的基础上，精进编织工艺，为纺织技术的产生奠定了基础。

经典选读

陈宝光妻

（一）

【原文】

《西京杂记》曰：霍光妻遗①淳于衍②散花绫二十五匹。绫③出巨鹿，陈宝光妻传其法。霍显召入其弟④，使作之，一匹直⑤钱一万。又与绿绫七百端⑥，直钱百万。

——李昉等《太平御览》

【注释】

①遗(wèi)：给予，赠送。

②淳于衍：汉宣帝时期的宫廷女医。

③绫：斜纹地上起斜纹花的中国传统丝织物。

④弟：通"第"，封建社会官僚贵族的大宅子。

⑤直：通"值"，价值。

⑥端：长度单位，布帛二丈(或六丈)为一端。

【译文】

《西京杂记》记载：霍光的妻子赠给女医淳于衍散花绫二十五匹。绫出于巨鹿郡陈宝光家，陈宝光的妻子得以传承那织法。霍显召陈宝光的妻子入霍府，让她织绫，一匹绫价值一万钱。又赠绿绫七百端，价值百万钱。

（二）

【原文】

汉霍光妻遗淳于衍蒲桃锦二十四，散花绫二十五匹。绫出巨鹿，陈宝光妻传其法。霍显召入第，使作之。机用一百二十蹑，六十日成一匹，直万钱。又与越珠一斛①琲，绿绫七百端，直钱百万，黄金百两。又为起第宅，奴婢不可胜数。衍犹怨薄曰："吾为若②何成功，而报我若是哉。"

——李昉等《太平广记》

【注释】

①斛(hú)：容量单位。

②若：你。

【译文】

汉代霍光的妻子赠给女医淳于衍蒲桃锦二十四匹、散花绫二十五匹，绫出于巨鹿郡陈宝光的家，陈宝光的妻子得以传承那织法。霍显召陈宝光的妻子入霍府，让她织绫。织机使用一百二十个踏板，六十日织成一匹，每匹价值万钱。又赠送了越珠一斛，绿绫七百端，价值钱百万，黄金百两。后来又为她起建宅第，赏赐的奴婢不可胜数。淳于衍还怨怪说："我为你成就何等功绩，却像这样酬报我！"

名匠之光

古代中国是举世闻名的丝绸之国，无数能工巧匠不断发明和改进纺织机械，推动纺织技术的进步。陈宝光妻子便是其中的一员。陈宝光妻子为巨鹿(今河北平乡西南)人，西汉昭帝、宣帝时织绫艺人。她擅长织绫，传授织法，为提花织机改进者。

西汉时期，提花机、斜织机等纺织工具在我国广泛应用。纺织业的逐步繁荣，使得当时纺织品的数量和规模达到了前所未有的高度。整个汉代，在陈宝光家族尤其是陈宝光妻子的影响下，巨鹿郡的纺织业成为当时的典型代表。钜鹿的织锦以华美细腻著称于世。《西京杂记》记载，霍光妻子霍显用织锦收买淳于衍，这里的织锦并非俗物，而是陈宝光妻子善织的蒲桃锦和散花绫。巨鹿散花绫在当时属于非常名贵的织物，织造散花绫要用120镊的织机。镊是织机上用来夹提花线束的附属部件。这表明陈宝光之妻所用织机应为提花机。120镊则被认为每平方厘米要达到600根经丝，当时普通绢的经丝每平方厘米只有50根，即使满城汉墓出土的细绢每平方厘米也只有200根经丝。由此足见该提花机织工艺之复杂和所造织物的精致细腻，以及陈宝光妻子精湛的织锦技艺。

提花技术是纺织史上的里程碑。把编制好的提花程序贮存在织机的综片或与综眼相连接的综线上，这样可以重复控制提花的动作，从而使织锦图案能精确复制。陈宝光妻在纺织实践中熟练掌握提花技术并对提花机械进行了改进和革新，促进了提花技艺的革新，也促进了服饰图案的多样化发展。受陈宝光妻子的影响，从汉代到唐代，手工织锦技艺在巨鹿得到了迅速普及，大诗人李白路过巨鹿时就写下了"缫丝鸣机杼，百里声相闻"的诗句，记录下了巨鹿手工织锦产业的盛况。

经典选读

黄道婆

（一）

【原文】

闽广多种木棉，纺绩为布，名曰吉贝。松江府东去五十里许，曰乌泥泾。其地土田硗①瘠，民食不给，因谋树艺，以资生业，遂觅种于彼。初无踏车②椎弓③之制，率用手剖去子，线弦竹弧④置按⑤间，振掉⑥成剂⑦，厥功甚艰。

国初时，有一妪名黄道婆⑧者，自崖州来，乃教以做造捍⑨弹⑩纺织之具，至于错纱配色，综线挈花，各有其法，以故织成被褥带帨⑪，其上折枝团凤棋局字样，粲然⑫若写。人既受教，竞相作为，转货他郡，家既就殷。未几，妪卒，莫不感恩洒泣而共葬之，又为立祠，岁时享之。越三十年，祠毁，乡人赵愚轩重立。今祠复毁，无人为之创建。道婆之名，日渐泯灭无闻矣。

——陶宗仪《南村辍耕录》

【注释】

①硗（qiāo）：土地坚硬而不肥沃。

②踏车：轧棉的工具。

③椎弓：椎子和弹弓，都是弹棉花的工具。

④线弦竹弧：用线作弦、用竹子作弓制成的弹棉花工具。

⑤按：通"案"。

⑥振掉：用力摇动，摔去。

⑦剂：成品。

⑧道婆：古时对有修养的老年女性的尊称。

⑨捍：指踏车。

⑩弹：指弹松棉花的椎弓。

⑪帨（shuì）：古代女子的佩巾。泛指巾帕。

⑫粲然：明亮貌，明白貌。

【译文】

福建广东地区大多种植木棉，纺织成布，叫作吉贝。松江府向东大约五十里的地方，叫作乌泥泾。这里的土地贫瘠，百姓种田不够吃饭，因此学习种植木棉，借以谋生，于是（人们）到福建、广东地区寻求树种。起初没有踏车、椎弓等设备，（人们）全部用手剥掉棉籽，用线作弦，用竹子作弓，放在桌案的缝隙中，反复摇摆形成皮棉，费的力气很大。

元朝初年，有一个叫作黄道婆的老妇人，从崖州来到松江府，教人们制作方便弹棉、纺织的工具。至于纺织棉纱、配颜色，布置纱线组成图案，都有各自的方法，所以织成的被褥、衣带、巾帕，上面的折枝、团凤、棋盘、文字图案，就像写上、画上的一样清清楚楚。人们被她教会以后，争相从事这种手工业，并将货物转卖到别的地方，家里就殷实富裕了。没多久，黄道婆去世了，人们没有不感恩哭泣的，共同安葬了她，又给她立祠纪念，逢年过节就祭祀她。过了三十年，祠堂毁掉了，当地人赵愚轩重新给她立祠。现在祠堂又坏掉了，没有人再给她建祠了。黄道婆的名字，渐渐消失不被人听说了。

（二）

【原文】

上海棉花之利，起①于黄道婆，见陶南村《辍耕录》，近人已建祠以报②矣。

——陈康祺《郎潜纪闻初笔二笔三笔》

【注释】

①起：兴起，开始。

②报：报答。

【译文】

上海地区因种植棉花带来的好处，开始于黄道婆，这段记载可见于陶宗仪的《南村辍耕录》，近代的人已经修建祠堂来纪念、报答她。

名匠之光

　　黄道婆(约1245—?)，又名黄婆、黄母，松江府乌泥泾(今上海徐汇区东湾村)人，宋末元初著名的棉纺织家、技术改革家。黄道婆年幼时正值宋元更替，生活十分窘迫，被迫到地主家做童养媳，后因不堪虐待逃到了海南岛南端的崖州(治所在今海南三亚西北崖城)。海南崖州是黎族人民生活的地区，当地人民热情好客，收留了黄道婆。当地纺棉业技术发达，史上评价崖州为"有地皆棉"。此地纺织业发达的景象深深地触动了黄道婆，她潜心学习棉纺织技术，逐渐成为一名出色的纺织专家。

　　离开家乡20多年后，黄道婆返乡，并以自己几十年丰富的纺织经验为根据，毫无保留地把自己精湛的织造技术传授给故乡人民。她革新了剥棉花籽的方式，大大提高了分离棉絮与棉籽的效率。这一发明比美国的轧棉机早了400多年。她改良了弹棉花的弓，将原有弹棉花的线弓改为槌击弹振弓弦，又将弓身改为四尺多长，这样弹起棉花来，不仅节奏鲜明，而且弹出的棉絮质感蓬松。她创造了新式纺车，将原有的纺车升级为能同时纺三根棉线的三式脚踏纺车，效率提高了三倍之多，而且操作省力，后世称其为黄道婆纺车。除了在改革棉纺工具方面做出重要贡献，她还改良研发出错纱、配色、综线、絜花等一套先进的织造技术。因此，当时松江府乌泥泾出产的被、褥、带、悦等棉织物上有折枝、团凤、棋局、字样等各种美丽的图案，鲜艳如画。这些纺织品远销各地，广受欢迎，很快松江一带就成为全国的棉织业中心，历经几百年而不衰。16世纪初，当地人织出的布，一天就有上万匹。18世纪乃至19世纪，松江布更是远销欧美，获得了极高的声誉，当时称松江布匹"衣被天下"。

　　黄道婆对促进长江流域棉纺织业和棉花种植业的迅速发展起到了重要作用，后人誉之为"衣被天下"的女纺织技术家。在黄道婆的故乡，至今还传颂着"黄婆婆，黄婆婆，教我纱，教我布，两只筒子两匹布"的民谣。

匠心
传承

　　新石器时代，人类开始利用葛麻、树皮等材料制衣，手工纺织一直延续了四五千年。至春秋战国，我国人民已能织出纹锦。从汉代开始，我国的丝绸织品大量地向亚、欧诸国输出，开辟了丝绸之路。宋元时期，黄道婆改良纺织工具和技术，促进了纺织业的快速发展，为机器纺织业的兴起奠定了基础。清末，民族资本家纷纷开办纺织工厂，掀起了纺织业建设的一个高潮。

　　中华人民共和国成立以后，为尽快解决人们的穿衣问题，国家实行了重点发展纺织行业的政策。进入 20 世纪 80 年代，中国实行改革开放政策，社会发展突飞猛进，纺织工业也处于高速扩张与发展阶段。到 1990 年前后，纺织工业一度出现供过于求的情况，影响和制约了纺织工业的发展。因此 20 世纪 90 年代中后期，国家做出了一系列重大战略决策，使纺织工业发生了历史性转变，中国成为纺织大国。

　　在纺织业快速发展的过程中，涌现出一大批能工巧匠。原上海第十七棉纺织厂的黄宝妹在"老爷车"上苦练技术，熟练掌握了细纱挡车工技术。由于工作出色，黄宝美于 1953 年被评为纺织工业部劳动模范，并于 1956 年、1959 年被评为全国劳动模范。她在距离退休还有半年的时候，主动要求去江苏启东聚南棉纺厂帮助建厂，之后更是远赴新疆石河子协助建棉纺织厂。湖南金丰纺织集团洪江有限公司的工人龙吉珍通过仔细观察，反复摸索，先后对"U"纱系列品种的紧密纺等操作技术进行创新，实现了生产定额和质量的突破，于 2020 年荣获全国劳动模范称号。

　　是什么支撑着她们继续发光发热呢？应该是对职业的热情、对职业的信仰。是什么促成她们成为纺织业的能工巧匠？应该是干一行爱一行的认真勤奋，是不断思考后的总结，还有紧跟时代潮流的创新。从她们的身上不仅能看到个人的奋斗，更能看到时代浪潮下中国人民的奋斗。征程漫漫，唯有奋斗。在这样一个美好的新时代，我们要学习先辈，劳动在希望的田野里，奔跑在前行的赛道上，拼搏在时代的潮头中，踔厉奋进，勇毅前行，让永恒的信仰之光照耀光荣和梦想的远征。

功在千秋（水利灌溉）

单元导读

　　在中国历史长河中，水利工程作为古代文明的璀璨明珠，不仅滋养了中华民族，令其生生不息，还见证了无数能工巧匠的智慧与创造。从都江堰的巧妙分流，到灵渠的贯通南北，再到各式水闸、堤坝的精巧设计，这些工程不仅是实用的水利设施，更是古代科技与文化的结晶。

　　在这一单元中，我们将穿越时空，追随李冰、史禄、杜诗、郭守敬等水利大师的脚步，一同领略中国古代水利工程的辉煌与奥秘。

　　李冰，都江堰的缔造者，巧妙利用地形，将岷江之水引入灌溉系统，使成都平原成为"天府之国"。他的智慧与胆识，为后世树立了楷模。

　　史禄，开凿灵渠的英雄。他沟通了长江与珠江，促进了南北经济文化的交流，为秦朝的统一大业奠定了基础。

杜诗，东汉时期的水利专家，致力于黄河治理。他创新使用水排技术，提高了治水效率，保护了沿岸百姓的生命财产安全。

郭守敬，元代杰出的科学家和水利工程师，在天文、数学等领域取得卓越成就的同时，也积极参与水利建设，为农业生产和社会发展做出了重要贡献。

从本单元对这些古代水利工程的介绍与人物故事的讲述中，我们将不仅能感受到先贤们在科技与文化方面的卓越成就，还能体会到他们为民造福、追求人与自然和谐共生的崇高精神。让我们一同走进这个充满智慧与传奇的单元，探寻中国古代水利工程的深厚底蕴与不朽价值。

经典选读

李 冰

（一）

【原文】

于蜀，蜀守冰凿离堆①，辟沫水②之害，穿二江成都之中。此渠皆可行舟，有余则用溉浸③，百姓飨④其利。至于所过，往往引其水益用溉田畴之渠，以万亿计，然莫足数也。

——司马迁《史记·河渠书》

【注释】

①离堆：据《太平寰宇记》引《益州记》，在今四川乐山市境，又据《太平寰宇记》引《郡国志》，在今汉源县境，都是今大渡河经流处。

②沫水：古水名，今大渡河。

③浸：同"浸"，即灌溉。

④飨：通"享"，享受。

【译文】

在蜀地，蜀郡太守李冰凿穿离堆，避免沫水的伤害，在成都开凿了两条江（支流）。这些渠都是可以行船的，多余的水就用来灌溉，百姓都享受渠水的好处。至于渠水所经过的地方，（百姓）则往往又开凿一些支渠来引水灌田，开凿的小水渠便用万亿来计算，也数不清。

（二）

【原文】

周灭后，秦孝文王以李冰为蜀守①。冰能知天文地理，谓汶山为天彭门。乃至湔氐县②，见两山对如阙，因号天彭阙。仿佛若见神，遂从水上立祠三所，祭用三牲，珪璧③沈渍④。汉兴，数使使者祭之。

冰乃壅江作堋⑤。穿郫江⑥、捡江⑦，别支流，双过郡下⑧，以行舟船。岷山多梓、柏、大竹；颓随水流，坐致⑨材木，功省用饶。又灌溉三郡，开稻田。于是蜀沃野千里，号为"陆海⑩"。旱则引水浸润，雨则杜塞水门，故记曰：水旱从人，不知饥馑⑪。时无荒年，天下谓之天府也。

——常璩《华阳国志·蜀志》

【注释】

①秦孝文王以李冰为蜀守：秦孝文王登上王位只有几天就死了，没有任命新郡守的可能。李冰是他父亲秦昭王任命的，他不过继续承认而已。

②湔（jiān）氐（dī）县：秦置县，治所在今四川松藩北。

③珪璧：古代祭祀朝聘等所用的玉器。

④沈渍（fén）：投入水里。

⑤堋（péng）：分水的堤坝。《太平寰宇记》记载，蜀人谓堰为堋。

⑥郫（pí）江：任乃强认为即今之毗河。在四川境内，自都江堰市分岷江东流，经郫县至成都，与锦江汇合。

⑦捡江：指检江，在四川省境内。任乃强认为，今叫走马河，自宝瓶口外，分水东南流，至成都东南，与郫江汇合。捡，通"检"。

⑧郡下：指蜀郡的治所成都地区。

⑨坐致：把木材从山上滑落入江水中，随流漂至，无须搬运，故曰"坐致"。

⑩陆海：物产富饶之地。陆，高而平的土地。海，万物所出。

⑪饥馑：古代谷不熟为饥，蔬不熟为馑。泛指灾荒。

【译文】

周之后，秦孝王继续承认李冰为蜀郡太守。李冰懂得天文地理，称汶山为天彭门。到了湔氐县，看见两山相对如天然的缺口，因此称其为天彭阙。（在那里，他）仿佛看见了江神，于是在江边修建了三所神祠，祭祀时用（牛羊猪）三牲，并将祭祀的玉器投入水里。汉朝建立后，屡次派使者祭祀江神。李冰便让人截住江流并修筑了分水的堤坎，让分水堤穿过郫江、检江，并分出了支流，形成两股水流从成都地区流过，以便让船只通行。岷山盛产梓木、柏木、大竹子，利用江水运送岷山上的木材，既节省工程，费用也富足。这两股水流灌溉（蜀、广汉、犍为）三郡之地，又开辟了许多稻田。于是蜀地肥沃的土地纵横千里，当时号称为"陆海"。干旱时就引水浸润田地，下雨时就堵塞住水闸，所以史书上记载说："蜀地的天气是降水还是干旱都是由人决定的，那儿的人不知道什么是饥饿。"当时不存在荒年，天下的人称蜀地为"天府"。

（三）

【原文】

秦昭王以李冰为蜀守，冰见氐道县①有天彭山，两山相对，其形如阙，谓之天彭门，亦曰天彭阙。江水自此已上至微弱，所谓发源滥觞②者也。……《益州记》曰：自白马岭回行二十余里至龙涸；又八十里至蚕陵县；又南下六十里至石镜；又六十余里而至北部，始百许步；又西百二十余里至汶山故郡，乃广二百余步；又西南百八十里至湿坂，江稍大矣。……李冰作大堰③于此，壅江作堋，堋有左右口，谓之湔堋。江入郫江、捡江以行舟。《益州记》④曰：江至都安⑤，堰其右，捡其左，其正流⑥遂东，郫江之右也。因山⑦颓水⑧，坐致竹木，以溉诸郡。又穿羊摩江⑨，灌江西。于玉女房⑩下白沙邮⑪，作三石人立水中，刻要⑫江神：水竭不至足，盛不没肩。是以蜀人旱则借以为溉，雨则不遏其流。故《记》曰：水旱从人，不知饥馑，沃野千里，世号陆海，谓之天府也。

——郦道元《水经注》

【注释】

①氐道县：古县名，即前文的湔氐县。

②发源滥觞：语出《荀子·子道》——"昔者江出于岷山，其始出也，其源可以滥觞。"滥觞，本谓江河发源的地方水极浅小，只能浮起酒杯，后用来比喻事物的起源、开始。

③大堰：今都江堰，我国古代著名的水利工程之一，在今四川省都江堰市

西北岷江中游。

④《益州记》：书名，不详著者。下文的《记》指《益州记》。

⑤都安：古县名，三国蜀置，治所在今四川省都江堰市东。

⑥正流：主干流。

⑦因山：凭借山势。

⑧颓水：颓落江水。

⑨羊摩江：今羊马河，是分外江（岷江正流）水以灌溉外江以西农田的一条干渠，故云"灌江西"。与岷江平行南流，至新津复入岷江。

⑩玉女房：在今白沙街西龙溪山崖上。

⑪白沙邮：今四川省都江堰市西八里的白沙街。邮，古代传递文书的驿站。白沙街当白沙河与岷江汇合处，位于成都市至岷江上游地区的出入口，故置邮。

⑫要：约定。

【译文】

秦昭王派李冰当蜀郡太守，李冰见氐道县有天彭山，两山相对，形状如门，称为天彭门，又叫天彭阙。江水从这里起，上游的水流十分细弱，所谓发源时只能浮起酒杯，就是指此。……《益州记》说：江水从白马岭萦纡流奔二十多里，到龙涸；又流八十里，到蚕陵县；又向南流六十里，到石镜；又流六十多里，到北部，江宽才有一百多步。江水又向西流一百二十多里，到达旧汶山郡时，宽度才有两百多步；又向西南流了一百八十里，到湿坂，江才稍大了一点儿。……李冰在这里建了一条大堰，截住汇流，堰坝左右两边都有出水口，称为湔堋。大江流入郫江、检江以便通航。《益州记》说：大江流到都安，在右边筑堰堵水，在左边造堤控流，江的干流于是就移到东边，位置在郫江右面。利用山势滑放竹木入江，不费力气就可运到，水还可以灌溉诸郡。李冰又凿穿羊摩江，灌溉外江以西的田地。他在玉女房下的白沙邮造了三个石人立在水中，并在石人身上刻记着与水神的约定：枯水时水浅不能露出（石头人）双脚，涨水时水深不能没过（石头人）双肩。因而蜀人天旱时可用来灌溉，多雨时不堵塞水流。所以《益州记》说：天气是降水还是干旱都是由人决定的，那儿的人不知道什么是灾荒，沃野千里，因此世人号称陆海，称它为天府。

名匠之光

李冰，战国时期著名的水利家。李冰对水利的热爱和追求，源自他对农业生产和人民生活的深刻理解。他深知，水是生命之源，也是农业之基。因此，他致力于水利工程的研究和实践。

任蜀郡太守期间，他考察了岷江上游的地形水势，决定在岷江中游修筑一项前所未有的防洪灌溉工程——都江堰。都江堰的修建，是李冰工匠精神的集中体现。他亲自带领团队，跋山涉水，进行实地勘察。他巧妙地利用地形，设计出分水堤、灌溉渠道等复杂的水利设施。都江堰的建成，不仅消除了岷江的水患，还使得成都平原成为沃野千里的"天府之国"。

李冰在治水过程中，始终坚持以人为本、顺应自然的原则。他强调，治水要因势利导，不可蛮干。这种科学、务实的治水思想，对后世的水利工程建设产生了深远的影响。

李冰的一生，是奋斗和奉献的一生。他将自己的智慧和才能，毫无保留地献给了国家和人民。他的精湛技艺和独特品质，赢得了后世的无限敬仰。都江堰这一水利工程，不仅造福了当时的人民，也为后世留下了宝贵的文化遗产。

经典选读

史　禄

（一）

【原文】

及至秦王，蚕食天下，并吞战国，称号曰皇帝，主海内之政，坏诸侯之城，销其兵①，铸以为钟②虡③，示不复用。元元④黎民得免于战国，逢明天子，人人自以为更生⑤。向使秦缓其刑罚，薄赋敛，省徭役，贵仁义，贱⑥权利，上⑦笃厚，下⑧智巧，变风易俗，化于海内，则世世必安矣。秦不行是风而循其故俗，为智巧权利者进，笃厚忠信者退；法严政峻⑨，谄谀者众，日闻其美，意广心轶⑩。欲肆威⑪海外，乃使蒙恬将兵以北攻胡，辟⑫地进境⑬，戍于北河⑭，蜚刍挽粟⑮以随其后。又使尉⑯（佗）屠睢⑰将⑱楼船之士⑲南攻百越⑳，使监㉑禄㉒凿渠运粮，深入越，越人遁逃。旷日持久，粮食绝乏，越人击之，秦兵大败。

——司马迁《史记·平津侯主父列传》

【注释】

①兵：武器。

②钟：古代乐器。

③虡(jù)：挂钟磬的木架。

④元元：平民。此指善良。

⑤更生：获得新生。

⑥贱：轻视。

⑦上：崇尚。

⑧下：轻视。

⑨政峻：政治严厉。

⑩轶：通"溢"，满。

⑪肆威：扬威。

⑫辟：开拓。

⑬进境：向前推进扩展边境。

⑭北河：河川名。黄河由甘肃流向河套，至阴山南麓，分为南北二河，北边一河称北河。《汉书·武帝纪》载：武帝曾于元封元年"北登单于台，至朔方，临北河"。

⑮蜚刍挽粟：迅速运送粮草。

⑯尉：武官名。

⑰屠睢(suī)：人名。

⑱将：率。

⑲楼船之士：水兵。

⑳百越：越。

㉑监：指监御史。

㉒禄：人名。

【译文】

待到秦王嬴政掌权，他蚕食天下，并吞战国，建称号为"皇帝"。（嬴政）统一海内的政令，毁坏诸侯国的都城，销毁诸侯的兵器，熔铸成钟虡，以显示不再用兵动武。善良的平民百姓才能免于战争的灾害，碰上圣明的天子，人人都认为得到了新生命。假如秦朝宽缓其刑罚，少征赋税，减轻徭役，尊重仁义，轻视权势利益，崇尚忠厚，鄙视智巧，改变风俗，使国内百姓得到教化，那么秦朝世世代代都会安宁。但是秦朝不推行这种政治，却因循从前的风俗，使得那些专做投机取巧之事的人得以进用，而那些忠厚诚信的人却被斥退；法律严酷，政令苛暴，谄媚阿谀的人很多，皇帝天天听他们花言巧语，歌功颂德，于是志得意满，想入非非。（嬴政）一心想要扬威于海外，就派遣蒙恬率领军队向北进攻匈奴，开拓土地、扩大疆域，并在北河一带驻守，让百姓急运粮草，跟在军队后面。又派郡都尉屠睢率领水兵去攻打南方的百越，派监御史禄开凿灵渠运粮，深入越地，越人逃跑。经过很长时间的相持，粮食供应不上，越人攻击秦兵，秦兵大败。

（二）

【原文】

湘水源于海阳山①，在此下融江。融江为牂柯下流，本南下。兴安地势最高，二水远不相谋。禄始作此渠，派湘之流而注之融，使北水南合，北舟逾岭。

——范成大《桂海虞衡志》

【注释】

①海阳山：位于越城岭和都庞岭之间，分布于广西灌阳、全州、兴安等六县。

【译文】

湘水的源头来自海阳山，从这里流下与融江相遇。融江本来是牂柯下游的河流，原本向南流淌。兴安地区的地势很高，因此湘水和融江这两条河流在远处并没有自然交汇。史禄开始修建这条渠道，他引导湘水的水流注入融江，从而使得北方的水流能够与南方的水流汇合，北方的船只也能通过这条渠道越过山岭。

名匠之光

　　史禄，秦朝人，或称监禄，名禄，"史"系官职，并非姓氏。史料对禄的记载极为简略，以致连他的姓氏和生卒籍贯都无法考证。史禄对秦朝的主要贡献是构建灵渠，加速了秦始皇统一百越的进程。史禄曾经受命主持兴建了著名的灵渠工程，打通了长江和珠江两大水系，对祖国的统一、南北经济文化的交流、民族的融合起到了非常重要的作用。这也使他名垂青史。

　　灵渠（亦名陡河或兴安运河）位于今广西兴安县，地处南岭山脉湘桂走廊，在湘桂铁路、京广铁路通车以前的两千多年里，一直是内地连通岭南的主要通道。当年南越诸部落在秦朝边境滋事生非，为了巩固边疆、拓展疆域，秦朝出兵50万大举进攻南越。由于南岭山脉阻隔，路途遥远，行军、补给都很困难，秦军为此一度受挫，秦始皇深为烦忧，最后决定"使监禄凿渠运粮"，化解危机。

　　史禄到了南岭山脉，发现这里是长江水系和珠江水系的分水岭，兴安县刚好坐落在山脉的最低处，往西，漓江西南流，汇入珠江；往东，湘江东北流，注入长江。湘江上源与漓江支流始安水最近处只有1.7千米，中间隔着一座名叫太史庙山的小山。经过反复考察、周密设计，史禄带领着数十万人，花了五年多时间，于公元前214年凿成了灵渠。灵渠沟通了岭南河道，长江上的船只可以经湘江，穿灵渠，入漓江，抵达珠江，从而把中原和岭南连在了一起。有了这条水路保证军需物资的补给，秦国很快打下了岭南。

　　灵渠历经修整，一直为民所用。它不但可以通漕运，还能提供农田灌溉和城镇用水。虽然随着京广和湘桂两大铁路线的开通，灵渠逐渐失却了当初的航运功能，但其在灌溉和供水方面却发挥着越来越大的作用，而且如今的灵渠也已经成为驰名中外的旅游胜地。

经典选读

杜 诗

【原文】

杜诗字君公，河内汲人也。少有才能，仕郡功曹，有公平称。更始时，辟大司马府。建武元年，岁中三迁为侍御史，安集洛阳。时将军萧广放纵兵士，暴横民间，百姓惶扰，诗敕晓不改，遂格杀广，还以状闻。世祖①召见，赐以棨戟②，复使之河东，诛降逆贼杨异等。诗到大阳③，闻贼规欲北度，乃与长史急焚其船，部勒郡兵，将突骑趁击，斩异等，贼遂翦灭。拜成皋④令，视事三岁，举政尤异。再迁为沛郡都尉，转汝南都尉，所在称治。

七年⑤，迁南阳太守。性节俭而政治清平，以诛暴立威，善于计略，省爱民役。造作水排，铸为农器，用力少，见功多，百姓便之。又修治陂池⑥，广拓土田，郡内比室⑦殷足。时人方于召信臣⑧，故南阳为之语曰："前有召父，后有杜母。"

诗自以无劳，不安久居大郡，求欲降避功臣，乃上疏……帝惜其能，遂不许之。

诗雅好推贤，数进知名士清河刘统及鲁阳长董崇等。

初，禁网尚简，但以玺书发兵，未有虎符之信。诗上疏曰："臣闻兵者国之凶器，圣人所慎。旧制发兵，皆以虎符，其余征调，竹使而已。符第合会，取为大信，所以明著国命，敛持威重也。间者发兵，但用玺书，或以诏令，如有奸人诈伪，无由知觉。愚以为军旅尚兴，贼虏未殄，征兵郡国，宜有重慎，可立虎符，以绝奸端。昔魏之公子，威倾邻国，犹假兵符，以解赵围，若无如姬之仇，则其功不显。事有烦而不可省，费而不得已，盖谓此也。"书奏，从之。

诗身虽在外，尽心朝廷，谠言⑨善策，随事献纳⑩。视事七年，政化大行。十四年，坐遣客为弟报仇，被征⑪，会病卒。司隶校尉鲍永上书言诗贫困无田宅，丧无所归。诏使治丧郡邸，赙⑫绢千匹。

——范晔《后汉书·杜诗传》

【注释】

①世祖：光武帝刘秀，庙号为"世祖"。

②棨戟：有缯衣或油漆的木戟，古代官吏出行时作前导的一种仪仗。

③大阳：古县名，汉置县，治今山西平陆西南。

④成皋：古县名，西汉置，治今河南荥阳市汜水镇西。

⑤七年：东汉光武帝建武七年(31)。

⑥陂(bēi)池：池塘水利。

⑦比室：家家户户。

⑧召(shào)信臣：字翁卿，西汉九江人。为南阳太守时，兴修水利，开通沟渠十余处，爱惜百姓，受到地方人尊敬，称为召父。

⑨谠(dǎng)言：正直之言。

⑩随事献纳：随时随地提出建议以供采纳。

⑪被征：被征召问罪。

⑫赙(fù)：拿钱财帮助别人办理丧事。

【译文】

杜诗字君公，河内郡汲县人。年轻时有才华能力，在郡里任功曹，有公正平和的美称。更始年间，被征召做了大司马府的官员。建武元年，一年中多次升迁做了侍御史，负责安定洛阳。当时将军萧广放纵士兵，在百姓中横行霸道，百姓惶恐不安。杜诗告诫晓谕萧广，可他仍不悔改，于是杜诗击杀了萧广，回京后把这一情况向光武帝奏报。光武帝召见杜诗，并赐给他棨戟，又派他巡视河东，去讨伐、降服反叛的贼人杨异等。杜诗抵达大阳，听说贼人谋划渡河北上，于是与长史迅速焚毁他们的船只，并部署郡中士兵，率领骑兵追逐袭击贼兵，斩杀了杨异等人，贼兵终于被消灭。杜诗被任命为成皋令，任职三年，政绩十分突出。杜诗再次升迁为沛郡都尉，转任汝南都尉，他所治理的地方都政绩显扬。

建武七年，杜诗升任南阳太守。他生性节俭，施政清廉公平，因为惩罚强暴树立起了威信，他还擅长计划谋略，爱护百姓并减轻他们的劳役。他又设计制作水排，用以炼铁，铸造农具，使(百姓)用力少，收效多，百姓感到很便利。还修建池塘，广泛开垦土地，郡中家家户户都丰足富实。当时的人把他比作召信臣，所以南阳人因为这些事迹赞颂他道："前有召父，后有杜母。"

杜诗自认为没有功劳，为长期任大郡长官而感到不安，想要请求降职，让出职位给功臣，于是上书给皇帝……光武帝爱惜他的才能，因而没有同意这个请求。

杜诗向来喜好推荐贤明的人，多次举荐知名之士清河的刘统和做鲁阳长的董崇等人。

起初，朝廷的各种禁令制度崇尚简约，只用带有皇帝之印的书信发兵，没有虎符这样的信物。杜诗上书说："臣听说军队是国家的凶器，所以圣人谨慎对待。原来的制度派遣军队都用虎符，其他征调用竹制的信符就行了。兵符假如能够合在一起，才能取得对方完全的信任，以此来表明国家的命令，保持国家的威严与重要地位。近来派遣军队，只用带有皇上之印的书信，有时还用皇上的诏命。如有奸邪的人欺诈作伪，就无法发觉。我认为军队还在壮大，叛乱的人还没有灭绝，在郡国中征兵，应该慎重，可以确立虎符制度，来杜绝奸诈事件的产生。昔日魏国的公子无忌，其威望令邻国倾倒，尚且还要借助虎符调兵，以解赵国之围，如果没有如姬的仇事，那么他的功绩也就不会显露。有些事情虽然烦琐但不能省却，虽然费事但不能不如此，大概说的就是发兵制度这类的事情吧。"谏书上奏皇上之后，皇上听从了他的建议。

杜诗虽然在外做官，但是对朝廷竭尽忠心，正直的言论和有益的谋略，随时向皇上进献。他任职七年，政治教化得以普遍推行。建武十四年，杜诗因派门客为弟弟报仇，被朝廷征召问罪，正巧他因病去世。司隶校尉鲍永上书说杜诗贫困没有土地、住宅等产业，死了以后没有埋葬的地方。朝廷下诏允许在郡府办理丧事，并赏赐一千匹绢作为治丧费用。

名匠之光

杜诗，字君公，河内汲县(今河南卫辉西南汲城)人，是东汉时期的一位杰出官员和水利学家。他的生平经历丰富多彩，以公正著称，并在水利工程方面有着非凡的成就。

在早年的仕途中，杜诗就表现出了卓越的才能。他曾任郡功曹，并因公平处理事务而赢得声誉。后来，在更始年间，他被征辟为大司马府的官员。建武元年，他一年中多次升迁，最终被任命为侍御史，负责安定洛阳。在任期间，他果断处置了放纵兵士、扰乱民间的将军萧广，展示了他的决断力和对公正的追求。

然而，杜诗最为人所知的贡献是在他担任南阳太守期间做出的。他在这个职位上展现了出色的治水理念和精湛的技艺。南阳地区水患频繁，杜诗深知水利对农业和民生的重要性。他亲自踏勘河道，研究水流规律，并设计出了一系列创新性的水利工程方案。他主持修建的水排（水力鼓风机）和陂池等，大大提高了灌溉效率，使得南阳地区的农业生产条件得到显著改善。

杜诗的治水理念注重实践与创新相结合。他善于总结经验，不断改进工艺方法，以追求更高效、更可持续的水利工程。同时，他尊重自然规律，强调在治水过程中要顺应自然、与自然和谐相处。这种以民为本、尊重自然的治水理念，在当时广受赞誉，也对后世产生了深远的影响。

经典选读

郭守敬

（一）

【原文】

郭守敬字若思，顺德邢台人。生有异操，不为嬉戏事。大父荣，通五经，精于算数、水利……使守敬从刘秉忠学。

中统三年，文谦荐守敬习①水利，巧思绝人②。世祖召见，面陈③水利六事……每奏一事，世祖叹曰："任事者如此，人不为素餐④矣。"……

至元元年，从张文谦行省西夏。先是⑤，古渠在中兴者，一名唐来，其长四百里，一名汉延，长二百五十里，它州正渠十，皆长二百里，支渠大小六十八，灌田九万余顷。兵乱以来，废坏淤浅。守敬更立闸堰，皆复其旧。

二年，授都水少监。……又言："金时，自燕京之西麻峪村，分引卢沟一支东流，穿西山而出……灌田若干顷，其利不可胜计。……今若按视故迹，使水得通流，上可以致西山之利，下可以广京畿之漕⑥。"……帝善⑦之。

——宋濂等《元史·郭守敬传》

【注释】

①习：学习。

②巧思绝人：思维敏捷过人。

③陈：述说，陈述。

④素餐：无功受禄，不劳而食。

⑤先是：在这之前。

⑥广京畿(jī)之漕：使京畿地区的漕运范围变广。京畿，指国都及其附近的地区。

⑦善：表示赞同、应诺。

【译文】

郭守敬字若思，是顺德邢台人。他从小就跟别人不同，不喜欢玩游戏。他祖父郭荣熟悉五经，精通数学与水利……让守敬跟从刘秉忠学习。

中统三年，张文谦向朝廷推荐郭守敬，说他是位擅长水利工程的人才，并且思想灵巧，胜过平常人。元世祖忽必烈召见他，他当面陈述了应该兴办的六项水利事业……每奏报一项，元世祖总是赞赏道："办事的人都像这样，大家方才不是白吃饭的。"……

至元元年，郭守敬随从张文谦任职于西夏行省。在这之前，在中兴州的古渠，一条叫唐来，它的长度有四百里，一条叫汉延，长二百五十里，其他州还有正渠十条，都长两百里，有大小支渠六十八条，灌溉田地九万余顷。战乱以来，这些古渠不是废弃损坏就是淤积。郭守敬重新修建水坝水闸，都恢复了它们的原貌。

第二年，被授予都水少监。郭守敬上奏说："……金朝时，从燕京到西麻峪村，分引卢沟河一条支流向东，穿过西山流出……灌溉田地若干顷，它的好处不可胜数。……现在如果考察原有河道，使水能够通畅流动，在上游可以使西山获得好处，在下游可以使京畿地区的漕运范围变广。"……皇帝认为这些意见很好。

（二）

【原文】

初，秉忠以《大明历》自辽、金承用二百余年，浸以后天，议①欲修正而卒。十三年，江左②既平，帝思用其言③。……守敬首言："历之本在于测验，而测验之器莫先仪表。今司天浑仪，宋皇祐中汴京所造，不与此处天度相符……"守敬乃尽考其失而移置之。……作候极仪……作浑天象……作玲珑仪……作仰仪……作立运仪……作证理仪……作景符……作窥几……作日月食仪……作星晷定时仪。又作正方案、丸表、悬正仪、座正仪，为四方行测者所用。又作《仰规覆矩图》《异方浑盖图》《日出入永短图》，与上诸仪互相参考。

——宋濂等《元史·郭守敬传》

【注释】

①议：商议，计议。

②江左：在地理上，古人与今人相反，是以东为左、以西为右，所以江左泛指长江下游以东地区。

③言：古代臣对君的呈文。这里是指刘秉臣的意见。

【译文】

早年，刘秉忠认为《大明历》从辽、金两代开始沿用已经二百多年了，计议想要修改历法，却随即去世了。至元十三年时，江东的南宋已攻灭，皇帝想到采纳刘秉忠的意见。……郭守敬首先指出："修订历法的根本在于作测量，作测量的工具首先在于仪器。现在司天台上的浑仪，是宋皇佑年间在汴京制作的，跟这里的天文度数并不相合……"郭守敬于是详尽地考查缺失，重新作了安置。……制作候极仪……制作浑天象……制作玲珑仪……制作仰仪……制作立运仪……制作证理仪……制作景符……制作窥几……制作日月食仪……制作星晷定时仪。又制作了正方案、丸表、悬正仪、座正仪，它们被四方行测者运用。此外，还制作了《仰规覆矩图》《异方浑盖图》《日出入永短图》，可以同以上各种仪器互相参照使用。

（三）

【原文】

十六年，改局为太史院，以恂为太史令，守敬为同知太史院事，给印章，立官府。及奏进仪表式，守敬当帝前指陈理致①，至于日晏②，帝不为倦。守敬因奏："唐一行开元间令南宫说天下测景，书中见者凡十三处。今疆宇比唐尤大，若不远方测验，日月交食分数时刻不同，昼夜长短不同，日月星辰去天高下不同，即目③测验人少，可先南北立表，取直测景。"帝可其奏。遂设监候官一十四员，分道而出，东至高丽，西极滇池，南逾朱崖，北尽铁勒，四海测验，凡二十七所。十七年，新历告成……

——宋濂等《元史·郭守敬传》

【注释】

①指陈理致：解释仪器的使用方法及其原理。

②日晏：天色已晚，日暮。

③即目：目前。

【译文】

至元十六年，太史局改为太史院，郭守敬任同知太史院事，发给公章，设立官署。王恂当太史令。在上呈并汇报各种仪器式样时，郭守敬在皇帝面前解释使用方法及其原理，一直到天色已晚，皇帝也不厌倦。郭宗敬于是奏报："唐代一行在开元年间命南宫说到各地去测量日影，书上记载有十三处地方。现在疆土比唐代还要广大，如果不到远方进行测量，就难以知道各地发生日月交食的程度和时间有所不同，昼夜的长度也不同，日月星辰距离天空的高度也不同。鉴于现今进行实地测量的人员较少，可以先在南北若干地方立表杆，测定准确的日影长度。"皇帝同意他的意见，设置了十四个监候官，分道前往观测。东方去到高丽，西方直至滇池，南方超越朱崖，北方达到铁勒，作四海测验场的总共有二十七个地方。至元十七年，新历完成了……

（四）

【原文】

二十八年，有言滦河自永平挽舟逾山而上，可至开平；有言泸沟自麻峪可至寻麻林。朝廷遣守敬相视，滦河既不可行，泸沟舟亦不通。守敬因陈水利十有一事。其一，大都运粮河，不用一亩泉旧原，别引北山白浮泉水，西折而南，经瓮山泊，自西水门入城，环汇于积水潭，复东折而南，出南水门，合入旧运粮河。每十里置一闸，比至通州，凡为闸七。距闸里许，上重置斗门，互为提阏①，以过舟止水。帝览奏，喜曰："当速行之。"于是复置都水监，俾②守敬领之。帝命丞相以下皆亲操畚锸③倡工④，待守敬指授而后行事。

先是，通州至大都，陆运官粮，岁若干万石，方秋霖雨，驴畜死者不可胜计，至是皆罢之。三十年，帝还自上都，过积水潭，见舳舻蔽⑤水，大悦，名曰通惠河，赐守敬钞万二千五百贯，仍以旧职兼提调通惠河漕运事。守敬又言：

于澄清闸稍东，引水与北坝河接，且立闸丽正门西，令舟楫得环城往来。志不就⑥而罢。

——宋濂等《元史·郭守敬传》

【注释】

①提（dī）阏（è）：水闸。

②俾（bǐ）：使，派遣。

③畚（běn）锸（chā）：泛指挖运泥土的用具，亦借指土建之事。畚，盛土器。锸，起土器。

④倡（chàng）工：带头破土动工。

⑤敝：通"蔽"，遮蔽。

⑥就：完成。

【译文】

至元二十八年，有人说，滦河河道上，如从永平行船，拉牵越山而上可抵开平；另有人说，泸沟河如经麻峪村通船，可至寻麻林。朝廷派郭守敬去视察。他回来汇报道，滦河不能通行，泸沟河亦不能通舟。他就此陈报关于水利的十一项工作。其一，大都的运粮河，可不再采用一亩泉原有的水源，另外引北山白浮泉的水，先向西行，再折而向南，通过瓮山泊，从西水门流入城内，汇集于积水潭。然后再往东，转向南面出南水门，使它流入原有的运粮河。每隔十里设置一道水闸，通往通州共设水闸七道。离闸一里余，再加设斗门，配合进行开闭以便调整河水而通船。皇帝看了奏章，高兴地说："应该赶快就办。"就此又重新设立了都水监机构，使郭守敬为主管。皇帝命令开工时自丞相以下百官，都亲自拿起畚插等工具，等待郭守敬安排，参加劳作。

原先，通州到大都是改从陆路运送官粮的，每年运送几万石，当秋天霖雨时节，拉车的驴子等牲畜不知要累死多少，这时都可免除了。至元三十年，皇帝从上都回朝，路过积水潭，只见船头接连船尾，把水面都遮没了。他大为高兴，给它起名为通惠河，赐给郭守敬钱钞一万二千五百贯，仍任太史令，兼任提调通惠河漕运事。郭守敬又上言，在通惠河澄清闸稍东处，引水跟北坝河相接，在丽正门西边设立闸门，使舟船可以环绕大都护城河通行。因未能达到他的设想而中止了。

（五）

【原文】

大德二年，召守敬至上都，议开铁幡竿渠。守敬奏："山水频年暴下，非①大为渠堰，广五七十步不可。"执政吝于工费，以其言为过，缩其广三之一。明年大雨，山水注下，渠不能容，漂没人畜庐帐，几犯行殿。成宗谓宰臣曰："郭太史神人也，惜其言不用耳。"七年，诏内外官年及七十，并听致仕②，独守敬不许其请。自是翰林太史司天官不致仕，定著③为令。延祐三年卒，年八十六。

——宋濂等《元史·郭守敬传》

【注释】

①非：必须，定要。

②致仕：古代官员正常退休称为致仕，源于周代，汉以后形成制度。一般致仕的年龄为七十岁，有疾患则提前。

③著：确立，确定。

【译文】

大德二年，朝廷召郭守敬到上都，商议开凿铁幡竿渠。郭守敬上奏说："山洪常年暴发，一定要造宽广的渠道，宽度为五十步到七十步不可。"执政官员吝惜工程费用，认为他的话过分夸大，缩减了渠堰三分之一的宽度。第二年大雨，山洪暴发，渠不能容纳那么多的水，淹没和冲走了人畜及庐帐，差点危及行宫。元成宗对朝廷重臣说："郭太史真是个神奇的人！可惜他的话没有被采用。"大德七年，朝廷下诏书说，内外官员年纪到了七十岁的，都可退休，唯独没有同意郭守敬的请求。从此以后，翰林、太史、司天官员都不退休，成为一项规定。郭守敬延祐三年去世，时年八十六岁。

名匠之光

郭守敬（1231—1316），字若思，顺德邢台（今属河北）人。中国元朝天文学家、数学家、水利专家、仪器制造家。

郭守敬早年师从刘秉忠、张文谦，曾任太史令、昭文馆大学士、知太史院事，世称"郭太史"。自至元十三年（1276）起，他与王恂、许衡等奉命修订新历法，历时四年，制订出《授时历》，成为当时世界上最先进的一种历法，通行达360年。为修订历法，郭守敬还改制、发明了简仪、高表等12种新仪器。至元元年（1264），修浚西夏境内的古渠，更立闸堰，使当地农田得到灌溉。至元二十八年（1291），任都水监，负责修治元大都至通州的运河，耗时一年，完成了全部工程，定名通惠河，发展了南北交通和漕运事业。著有《推步》《立成》等14种天文历法著作。

郭守敬在天文、历法、水利和数学等方面都取得了卓越的成就。他以匠人之心，追求科学的极致和完美，在世界科学技术史上地位崇高。1970年，国际天文学联合会将月球上的一座环形山命名为"郭守敬环形山"。1977年，国际小行星中心将小行星2012命名为"郭守敬小行星"。中国科学院国家天文台也将国家重大科技基础设施LAMOST（大天区面积多目标光纤光谱望远镜）命名为"郭守敬望远镜"。

匠心
传承

自古以来，水利工程便是中华民族繁衍生息的重要基石。李冰的都江堰，灌溉了沃野千里的成都平原，孕育了灿烂的巴蜀文化。史禄开凿的灵渠，连通了南北水系，为国家的统一和交流奠定了基石。杜诗的水排，巧妙利用水力鼓风冶铁，推动了古代工业的发展。郭守敬规划的通惠河，使得元大都的漕运畅通无阻，促进了当时的经济繁荣。这些伟大的水利工程师，以他们的智慧和勤奋，为后世留下了宝贵的财富。

如今，水利工程不仅关乎农业灌溉、防洪抗旱，更与发电、航运、生态保护等息息相关。在这个领域，涌现出了一批又一批杰出的工程师。他们继承和发扬了古代水利工匠的勤奋、敬业和创新精神，以精湛的技艺和不懈的追求，推动着水利工程的发展。"国家卓越工程师"汪小刚便是其中一位。

作为我国水利水电工程领域的学术带头人，30多年来，汪小刚带领团队深入一线，在高边坡稳定分析理论及加固技术、高土石坝筑坝技术、大型输水隧洞新型衬砌结构等方面持续创新，成功解决了三峡水利枢纽、锦屏一级水电站、小浪底水利枢纽等50余项重大工程中的岩土稳定关键技术难题，走出了一条我国水利水电自主创新之路。

在获得水利工程领域的辉煌成就的过程中，汪小刚工程师展现出了真正的工匠精神，那就是对工作的热爱、对技术的追求、对团队的协作和对行业的贡献。这种精神，对于水利工程、土木工程、电气自动化等专业的学生来说，具有重要的指导意义。

他对待工作态度严谨，仿佛是在雕琢一件艺术品，每一个细节都力求完美。他深知水利工程的重要性，因此始终保持着高度的责任心和敬业精神，将工程质量和安全放在首位。

汪小刚在技术创新方面更是展现出了非凡的才华和勇气。他敢于挑战传统观念，勇于探索未知领域，以创新思维引领水利工程技术的革新与进步。他的创新成果不仅解决了工程实践中的难题，更为整个行业带来了新的发展机遇。

除了个人的卓越贡献，汪小刚还非常注重团队合作与人才培养。他深知水利工程事业需要集体的智慧和力量，因此总是倾尽所能地帮助团队成员提升技能、拓展视野。在他的带领下，团队成员之间形成了紧密的合作关系，共同为水利工程事业的发展贡献力量。

当前，水利工程正面临着日益严峻的挑战和机遇。全球气候变化、水资源短缺等问题对水利工程提出了更高的要求。在这样的背景下，我们更需要像齐爱民、汪小刚、李瑞清这样的先进人物，以他们的工匠精神和卓越贡献为引领，不断探索新的技术和方法，为水利工程领域的可持续发展贡献力量。

第八单元
天地有节（天文历法）

单元导读

　　中国的天文学，如同古老的星辰，历史悠久，光芒璀璨。自古以来，中华民族便仰望星空，探索宇宙的奥秘。从商周甲骨文对天象的初步记录，到春秋战国时期天文学与历法相结合所形成的独特天文历法体系，再到明清时期对日月食的精确推算，中国的天文学研究从未停歇，在中国的历史长河中闪耀着智慧的光芒。天文学不仅指导着农耕时代的生产，还深刻影响了诗词歌赋的创作，成为文人墨客寄托情感、抒发志向的载体。天文学的发展，不仅推动了科技的进步，更丰富了中华文化的内涵，成为传统文化中不可或缺的一部分。

　　在这片星空之下，众多天工匠型文学家以其卓越的贡献，书写了天文学史上的华章。其中，东汉时期的落下闳研制了《太初历》，成为中国历史上第一部有完整文字记载的历法；南北朝时期的刘焯创制了《皇极历》，以其独特的理论见解，为天文学界注入了新的活力；唐代一行不仅在天文观测上造诣深厚，其编制的《大衍历》还为后来的天文学研究奠定了基础；北宋的苏颂创制了集观测、演示和报时于一体的水运仪象台，至今仍为世人所赞叹；南宋的杨忠辅则在历法编制方面有着卓越贡献，他创制的《统天历》是一部极精确的历法；元朝天文学家齐履谦编制的《齐历》改革了历法体系，为古代天文历法的发展留下了浓墨重彩的一笔。他们不仅是天文学的巨匠，更是中华文化的传承者，以匠人之心，谱写了天文学史上的辉煌篇章。他们的精神，如同夜空中最亮的星，指引着后人不断前行。

经典选读

苏 颂

（一）

【原文】

……知婺州。方溯桐庐，江水暴迅[①]，舟横欲覆，母在舟中几溺矣。颂哀号赴水救之，舟忽自正。母甫及岸，舟乃覆。人以为纯孝所感。

——脱脱等《宋史·苏颂传》

【注释】

①暴迅：暴涨。迅，通"汛"。

【译文】

苏颂出任婺州知州。正要逆水而上去桐庐，江水暴涨，船被打偏将要翻了，母亲在船中几乎溺死。苏颂大叫着扑入水中救她，船忽然自己正过来。母亲刚上岸，船就沉了。人们认为是他的孝行感动了上天。

（二）

【原文】

元祐初，拜刑部尚书，迁吏部兼侍读。……请别制[①]浑仪，因[②]命颂提举。颂既邃[③]于律历，以吏部令史韩公廉晓算术，有巧思，奏用之。授以古法，为台三层，上设浑仪，中设浑象，下设司辰，贯④以一机，激水转轮，不假⑤人力。时至刻临⑥，则司辰出告⑦。星辰躔度⑧所次，占候则验，不差晷刻⑨，昼夜晦明，皆可推见，前此未有也。

——脱脱等《宋史·苏颂传》

【注释】

①别制：重新制造。

②因：于是。

③邃：精通。

④贯：连接。

⑤假：借助，凭借。

⑥时至刻临：时刻到了。

⑦出告：出来报告。

⑧星辰躔（chán）度：日月星辰运行的度数。

⑨晷（guǐ）刻：片刻。

【译文】

元祐初年，苏颂担任刑部尚书，升任吏部尚书兼侍读。……请求重新造浑仪，皇帝于是任命苏颂为提举。苏颂对于律历有深入的研究，因为吏部令史韩公廉通晓算术，有精巧的构思，于是苏颂奏请任用他。教给他古代的方法，造了三层高台，在上面放浑仪，中间放浑象，下面放司辰，用一个机关相连接，通过激水带动轮辐旋转，不用人力。时刻到了，司辰就出来报告。日月星辰运行的度次，看验时也应验，不差片刻，白天黑夜，都可以推测出来，这是前所未有的。

名匠之光

苏颂（1020—1101），字子容，福建路泉州同安（今属厦门市同安区）人。北宋杰出的天文学家、天文机械制造家、药物学家。苏颂好学，时人称其"自书契以来，经史九流、百家之说，至于图纬、律吕、星官、算法、山经、本草，无所不通，尤明典故"。著有《图经本草》《新仪象法要》等。

苏颂作为历史上的杰出人物，其主要贡献是在科学技术方面，特别是医药学和天文学方面。他主持创制了世界上最古老的天文钟水运仪象台。国际上对水运仪象台的设计给予了高度的评价，认为水运仪象台为了观测上的方便，设计了活动的屋顶，这是今天天文台活动圆顶的祖先；浑象一昼夜自转一周，不仅形象地演示了天象的变化，也是现代天文台的跟踪器械——转仪钟的祖先；水运仪象台中首创的擒纵器机构是后世钟表的关键部件，因此它又是钟表的祖先。

李约瑟博士赞扬称："苏颂是中国古代和中世纪最伟大的博物学家和科学家之一。"中国科学院原院长卢嘉锡评价道："探根源、究终始，治学求实求精；编本草、合象仪，公诚首创；远权宠、荐贤能，从政持平持稳；集人才、讲科技，功颂千秋。"

经典选读

杨忠辅

（一）

【原文】

庆元四年，《会元历》占候多差，日官、草泽①互有异同，诏礼部侍郎胡纮充提领官，正字冯履充参定官，监杨忠辅造新历。右谏议大夫兼侍讲姚愈言："太史局文籍散逸，测验之器又复不备，几何而不疏略哉！汉元凤间，言历者十有一家，议久不决，考之经籍，验之帝王录，然后是非洞见②。

——脱脱等《宋史·律历志十五》

【注释】

①草泽：草野之士，隐士。此指民间历学大家。

②洞见：指明察，清楚地看到。

【译文】

庆元四年，《会元历》中关于天象占候的预测多有不准确的，朝廷的历法官员和民间历学大家意见不一。于是皇帝下诏命礼部侍郎胡纮担任提领官，正字

140

冯履担任参定官，监督杨忠辅负责修订新的历法。右谏议大夫兼侍讲姚愈上奏说："太史局的文献典籍流失散佚，用来测验天象的器具也不完备，像这样，历法的精确性岂能不疏漏！汉朝元凤年间，讨论历法的有十一家，争论了许久都没有得出结论，直到查考经籍、验证帝王历法记录，是非曲直才一目了然。

（二）

【原文】

五年，监察御史张岩论冯履唱为诐辞①，罢去。诏通历算者所在具名来上。及忠辅历成，宰臣京镗上进，赐名统天，颁之。

——脱脱等《宋史·律历志十五》

【注释】

①诐（bì）辞：偏邪不正的言论。

【译文】

庆元五年，监察御史张岩论定冯履的奏章是偏邪不正的言论，冯履被罢免官职。朝廷诏令通晓历法算术的各地官员，上报姓名。等到杨忠辅的《统天历》完成后，宰相京镗呈报给皇帝，皇帝赐予历法名为"统天"，然后颁布施行。

（三）

【原文】

浣之又言："当杨忠辅演造《统天历》之时，每①与议论历事，今见《统天历》舛近，亦私成新历。诚②改新历，容臣投进，与太史、草泽诸人所著之历参考之。"

——脱脱等《宋史·律历志十五》

【注释】

①每：时常，往往。
②诚：实在，确实。

【译文】

大理评事鲍浣之又上奏说："在杨忠辅修订《统天历》的时候，我时常与他讨论历法相关的事宜，现在看到《统天历》有些疏漏，我也私下编制了新的历法。如果朝廷确实要修改历法，请允许我献上我所编的新历，与太史以及民间历学大家所著的历法一起参考比较。"

名匠之光

杨忠辅，字德之，南宋天文学家。杨忠辅生活在一个注重天文观测和历法修订的时代，自幼便对天空充满好奇。这份对星辰的痴迷奠定了他日后成为杰出天文学家的基础。

杨忠辅在天文领域的成就令人瞩目。他精通天文观测和历法计算，尤其擅长利用三差次内插法进行天文数据的精密计算。这一方法不仅提高了天文观测的精确度，也为中国古代天文学的发展做出了重要贡献。他约在1185—1206年任职于太史局，于宁宗庆元五年（1199）作《统天历》。杨忠辅在该历中使用了极精确的回归年长度——365.2425日。这个长度，不仅取代了在中国使用了长达700年的、祖冲之测量的回归长度——365.2428日，而这个数值正是约400年后（1582）欧洲格里历——今天全世界通用的公历中所采用的回归年数值。

杨忠辅身上所闪耀的，是一种熠熠生辉的工匠精神。他对天文学的热爱和执着，使他不断突破自我，追求卓越。他的精密计算和对天文数据的精准把握，展现了他对技术的精湛掌握和对细节的极致追求。而他的创新精神和对科学真理的探索，更是体现了他对工作的敬业和热爱。杨忠辅的故事告诉我们，工匠精神不仅是对技艺的磨炼，更是对内心追求和人生价值的体现。他的光芒，将永远闪耀在中国古代天文学的历史长河中。

经典选读

落下闳

（一）

【原文】

至孝文①时，鲁人公孙臣②以终始五德③上书，言"汉得土德，宜更元④，改正朔，易服色。当有瑞，瑞黄龙见⑤"。事下⑥丞相张苍，张苍亦学律历⑦，以为非是⑧，罢⑨之。其后黄龙见成纪⑩，张苍自黜，所欲论著不成。而新垣平⑪以望气⑫见⑬，颇言正历服色事，贵幸⑭，后作乱，故孝文帝废不复问。

至今上⑮即位，招致方士唐都⑯，分其天部⑰；而巴⑱落下闳⑲运算转历⑳，然后日辰之度㉑与夏正同。乃改元，更官号㉒，封泰山。因诏御史曰："乃者㉓，有司㉔言星度㉕之未定也，广延㉖宣问，以理星度，未能詹㉗也。盖闻昔者黄帝合而不死㉘，名察度验㉙，定清浊㉚，起五部㉛，建气物分数㉜。然盖尚矣。书缺乐弛㉝，朕甚闵㉞焉。朕唯㉟未能循明㊱也，䌷绩㊲日分㊳，率应㊴水德之胜㊵。今日顺夏至㊶，黄钟为宫㊷，林钟为徵，太蔟为商，南吕为羽，姑洗为角。自是以后，气复正㊸，羽声复清㊹，名复正变㊺，以至子日㊻当冬至，则阴阳离合之道㊼行焉。十一月甲子朔旦冬至㊽已詹，其㊾更以七年㊿为太初元年。年名'焉逢摄提格㉛'，月名'毕聚㊺'，日得甲子，夜半朔旦冬至㊼。"

——司马迁《史记·历书》

【注释】

①孝文：汉文帝。

②公孙臣：阴阳家。

③终始五德：五德终始的学说。

④更元：改元。帝王在位中途改变纪年，如文帝十七年又称文帝后元元年。汉武帝采用年号纪年后，改元即成为改年号。

⑤见：通"现"，出现。

⑥下：转派……处理。

⑦律历：乐律和历法。古人认为历法、度量衡都与音律有关。

⑧非是：不对。

⑨罢：搁置。

⑩成纪：县名，在今甘肃秦安县北。

⑪新垣平：复姓新垣，名平。方士。

⑫望气：观察云气以预告吉凶。

⑬见：被召见。

⑭贵幸：位尊且受到帝王的宠信。

⑮今上：汉武帝。

⑯唐都：西汉著名天文学家。

⑰分其天部：测算并划分二十八宿所占的天区的角度。

⑱巴：郡名，战国秦于古巴国地置，治所在今重庆市。辖境相当今四川旺苍、西充，重庆永川区、綦江等市县以东地区。

⑲落下闳(hóng)：西汉著名历法学家。

⑳运算转历：进行天象运转实验并据计算结果制定历法。

㉑日辰之度：日月交会的时刻。此指汉武帝太初元年前冬十一月甲子夜半朔旦冬至的日月五星聚会。

㉒更官号：同年武帝更改百官名号和级别俸禄，与改历相应。

㉓乃者：以往，过去。

㉔有司：有具体职务、做具体工作的官吏。

㉕星度：天体(日月五星和二十八宿)的位置和运行规律。

㉖延：招请。

㉗詹：占验符合。

㉘黄帝合而不死：传说黄帝制历合于天体运行规律，并以天干与地支配成年、月、日、时之名，终而复始，无有止境。

㉙名察度验：指察寒暑节气之名，与日月星象运行之度相验正。

㉚定清浊：确定六律六吕音质的清浊，用以代表一年的六个阴月、六个阳月。

㉛起五部：划定五部之音代表五行。

㉜建气物分数：确立节气与物候相应的变化的时间(和空间)界限。

㉝书缺乐弛：典籍缺乏，乐律废坏。

㉞闵：通"悯"，忧虑。

㉟唯：通"惟"，思考。

㊱循明：旧说应为"修明"，谓整顿使之昌明。

㊲绌(chōu)绩：筹算。

㊳日分：日(兼指天体)行分度。

㊴率应：遵循。

㊵水德之胜：指能克胜水德的土德，即谓汉得土德。

㊶今日顺夏至：现在日行正当夏至。《太初历》颁行于太初元年五月，故如

此说。

㊷黄钟为宫：用黄钟律定为宫声。古代音名十二律为黄钟、大吕、太蔟、夹钟、姑洗、中吕、蕤宾、林钟、夷则、南吕、无射、应钟，音阶为五音或五声，即宫、商、角、徵、羽。

㊸气复正：二十四节气恢复正度。

㊹羽声复清：羽声音调恢复清越。

㊺名复正变：或说应作“各复正变”，即日月五星运行恢复正常和变异。变，指各种有规律的周期性变异。

㊻子日：指干支逢子的日子。

㊼阴阳离合之道：指太初上元甲子夜半冬至，日月五星聚会，称合；其后它们的运行有迟有速，称离。

㊽十一月甲子朔旦冬至：太初改元前冬十一月甲子朔旦是历元的起点。这一句谓新历起点已经校验符合。

㊾其：表祈使语气的副词。

㊿七年：元封七年。

(51)焉逢(péng)摄提格：太初元年的太岁纪年名。焉逢是岁阳，摄提格是岁阴，十个岁阳与十二个岁阴相配纪年，如同干支纪年的六十甲子。

(52)毕聚(zōu)：也作“毕陬”。这一句说月亮的位置正在毕宿与訾陬之间。

(53)夜半朔旦冬至：古代以冬至为一年的开始，朔日为一月的开始，夜半作为一天的开始，以冬至遇到朔日夜半的一天作为历元(历法的起点)，据以推算以后每年的节气、每月的朔望。

【译文】

到了孝文帝的时候，鲁地一个叫公孙臣的人以五德循环的理论向皇帝上书，说“汉朝得到的是土德而不是水德，应该更换年号，重新确定历法正月的起始，更换朝服的颜色。这样天就会降下祥瑞，有黄龙出现”。皇帝把这件事情交给丞相张苍处理，张苍也学过律历，并不认为是土德，于是没有理睬。后来黄龙真的在成纪这个地方出现了，于是张苍不得已上书自请罢黜，他论述汉朝获得水德瑞兆的著作也没有写成。后来，又有一个叫新垣平的人由于善于观望云气得见天子，说了些改正历法和服色的事，受到宠幸，后来却反动叛乱，所以孝文帝就再也不过问这件事了。

到当今皇帝即位后，招来方士唐都，测量周天各部的星宿度数；任用来自巴郡的落下闳，让他推算日月星辰制历，以此得到的太阳各月位置的度数与夏历相同。于是皇帝就改定历元，更换官号，到泰山封禅，并诏告御史说："过去主管星历的官员说星度未经确定，便广泛地征求意见，该怎样测定星度，但仍然无法理解或预测清楚。听说以前黄帝制历因为与季节相符，所以能循环地使用下去，这种历法用实际天象检验，审定律吕的清浊，确立起四时与五行的关系，建立了与天文气象与物候相关的历法体系。然而，这已经是很久以前的事了。现在有关天文历数方面的典籍缺佚，乐理也废弛了，我深感遗憾。只是我又无力把它们补修完备。现在的历法经过周密的测量和运算，全都与能克制水德的土德相合，现在太阳循着经过夏至、冬至的黄道运行，以黄钟为宫声，以林钟为徵声，以太蔟为商声，以南吕为羽声，以姑洗为角声。从此以后，节气又正确了，作为定调的最高羽声又清明了，各种名称都和实际相符，以甲子日逢冬至开始为历元，则阴阳交替的规律就通行了。现在，十一月甲子日又恰逢朔日而节气交冬至，正是改历换元的好时机，于是改元封七年为太初元年。确定年名为'焉逢摄提格'，确定月名为'毕聚'，日名为甲子，夜半时是朔日的开始，节气变为冬至。"

（二）

【原文】

姓等奏不能为算，愿募治历者，更造密度，各自增减，以造汉《太初历》。乃选治历邓平①及长乐司马可、酒泉候宜君、侍郎尊及与民间治历者，凡二十余人，方士唐都、巴郡落下闳与焉。都分天部，而闳运算转历。其法以律起历，曰："律容一龠，积八十一寸，则一日之分也。与长相终。律长九寸，百七十一分而终复。三复而得甲子。夫律阴阳九六，爻象所从出也。故黄钟纪元气之谓律。律，法也，莫不取法焉。"

与邓平所治同。于是皆观新星度、日月行，更以算推，如闳、平法。法，一月之日②二十九日八十一分日之四十三。先借半日，名曰阳历；不借，名曰阴历。所谓阳历者，先朔月生；阴历者，朔而后月乃生。

——班固《汉书·律历志》

【注释】

①邓平：汉代历算家。

②一月之日：谓一个朔望月是日。

【译文】

射姓等人上奏说他们不懂计算，希望征召研究历法的人，重新制定更精确的计算方法，经过增减后制定汉朝自己的《太初历》。汉武帝就下诏书，选拔专门研究历法的邓平以及长乐的名可的司马、名宜君的酒泉候、名尊的侍郎以及一些民间研究历法的人，共计二十多人，方士唐都与巴郡的落下闳也参与其中。唐都划分天上星宿的分布，落下闳推算历数。他们的方法是根据律度来确定历数，为此解释说："律的容量是一龠，积数是八十一寸，正好是一天的分数。与律长相始终。律长有九寸，到一百七十一分时又重新开始。经过三次重复就成甲子。律中的阴阳数字是九和六，这是从爻象演化而来的。所以用黄钟来调理元气就叫律。律，也就是法则，没有不以律为法则的。"

大家的研究结果正好与邓平的相同。于是，大家便都来观察新的星度以及日月的运行，重新加以推算，与落下闳、邓平的结果一样。其法则是一月有二十九天八十一分之四十三。先借半天，叫作阳历；不借的，则叫作阴历。所谓阳历，就是朔日前可见到月亮；所谓阴历，就是朔日后才可见到月亮。

名匠之光

落下闳，字长公，西汉时期天文学家，巴郡阆中（今属四川）人。在天文学领域，落下闳的发明与制作堪称一绝。他创制的《太初历》，以其精确度和实用性影响了中国历法结构。落下闳研制的《太初历》是中国历史上第一部有完整文字记载的历法，是中国历史上破天荒的一次历法大改革，也是中华民族在世界天文学上的巨大贡献。而落下闳在天文学、数学、农学上的一系列开创性的贡献，也已经被学术界公认，英国科技史学家李约瑟称他为"中国天文史上最灿烂的星座"。

此外，落下闳还提出浑天说，打破了人们对宇宙起源学说的传统认知；同时，他发明的通其率算法，极大地简化了天文计算的过程，提高了计算的准确性和效率。他在家乡阆中蟠龙山建立的中国最早的民间观星台，改制了观测仪器浑仪。近代天文学史家朱文鑫说："自汉落下闳作浑天仪，始立仪象之权舆。"后来的天文历法家如贾逵、张衡、祖冲之等人，则是在落下闳的基础上加以改进和发展的。落下闳完善了古代天文学说浑天说，奠定了中国古代先进的宇宙结构理论基础。他在天文学上的贡献，承前启后，对于推动中国天文学的发展起到了重要作用。

落下闳身上最为闪耀的，是他那种执着探索、精益求精的工匠精神。2004年9月16日，经国际天文学联合会小天体命名委员会批准，中国科学院国家天文台已将其发现的国际永久编号为16757的小行星命名为"落下闳星"。从此，落下闳真正成为一颗璀璨星座永恒地闪耀在星空中，照亮了后人在天文学探索领域的道路。

经典选读

齐履谦

（一）

【原文】

齐履谦字伯恒，父义，善算术。履谦生六岁，从父至京师；七岁读书，一过即能记忆；年十一，教以推步星历，尽晓其法[①]；十三，从师，闻圣贤之学。自是以穷理为务[②]，非洙泗伊洛[③]之书不读。

至元十六年，初立太史局，改治新历，履谦补星历生。同辈皆司天台官子，太史王恂问以算数，莫能对，履谦独随问随答，恂大奇之。新历既成，复预修《历经》《历议》。二十九年，授星历教授。……

二年，迁保章正，始专历官之政。三年八月朔[④]，时加巳，依历，日蚀[⑤]二分有奇，至其时，不蚀，众皆惧。履谦曰："当蚀不蚀，在古有之，矧[⑥]时近午，阳盛阴微，宜当蚀不蚀。"遂考唐开元以来当蚀不蚀者凡十事以闻。六年六月朔，时加戌，依历，日蚀五十七秒。众以涉交既浅，且复近浊，欲匿不报。履谦曰："吾所掌者，常数[⑦]也，其食与否，则系[⑧]于天。"独以状闻[⑨]。及其时，果食。……众服其议。

——宋濂等《元史·齐履谦传》

【注释】

①尽晓其法：完全理解其中的法则。

②务：致力、从事的事情。

③洙泗伊洛：皆为水名，本是孔子和程颢、程颐聚徒讲学之地，文中代指儒家学术源流。

④朔：指农历每月的第一天。

⑤日蚀：日食，古人习惯于将这种天象解释为上天对帝王"失德"的"谴告"。

⑥矧（shěn）：连词，况且。

⑦常数：一般的规律。

⑧系：取决于。

⑨独以状闻：一个人把将要发生的日蚀情状报了上去。闻，使……知道。

【译文】

齐履谦字伯恒，父亲齐义，精于算术之学。齐履谦长到六岁，随父亲到京城；七岁读书，读一遍就能记住；十一岁，父亲教他推算星象历法，他完全理解其中的法则；十三岁，跟随老师学习，听到了圣贤的学说。从此把穷究义理作为自己的要务，不是洙、泗、伊、洛这类儒家学术源流的书就不去阅读。

至元十六年（1279），朝廷初设太史局，修改研究新历，齐履谦补为星历生员。同辈中的人都是司天台官员的孩子，太史王恂用算数问题考问他们，其他人不能回答，只有齐履谦对答如流，王恂对此感到十分惊奇。新历制成后，（齐履谦）又参与修订《历经》《历议》。二十九年（1292），被授任星历教授。……

大德二年（1298），升任保章正，开始专事历官的政务。三年（1299）八月初一，过了巳时，依照历法，日蚀应有二分有余，到了那时候，并没有出现日食，众人都很害怕。履谦说："应当有日食却没有出现日食的情况，在古代有过，何况时间接近午时，阳气旺盛，阴气微弱，理应出现这种应当有日食却没有出现日食的现象。"于是考证自唐开元以来该出现日食却不出现的一共十次（并将其）上报。六年（1302）六月初一，过了戌时，依照历法推算，会出现日食五十七秒。众人认为日食的程度轻浅，并且靠近毕宿，想隐瞒这件事不上报。齐履谦说："我所能掌握的，是一般的规律，日食是否出现，则取决于上天。"一个人把将要发生的日食情状报了上去。到了那个时候，果然有日食出现。……大家都信服他的意见。

（二）

【原文】

七年八月戊申夜，地大震，诏问致灾之由，及弭灾之道①，履谦按《春秋》言："地为阴而主静，妻道、臣道、子道也，三者失其道，则地为之弗宁。弭之之道，大臣当反躬责己，去专制之威，以答天变，不可徒为禳祷②也。"时成宗寝疾③，宰臣有专威福者，故履谦言及之。九年冬，始立南郊，礼昊天上帝，履谦摄司天台官。旧制，享祀，司天虽掌时刻，无钟鼓更漏④，往往至旦始行事。履谦白⑤宰执⑥，请用钟鼓更漏，俾早晏有节⑦，从之。

——宋濂等《元史·齐履谦传》

【注释】

①弭灾之道：在自然灾害发生后，皇帝和各级政府所进行的一系列政治领域的应对措施。弭，消灭。

②禳（ráng）祷：祭神以消灾祈福。

③寝疾：卧病。

④更漏：古代用滴漏计时，夜间凭漏刻传更。

⑤白：告诉。

⑥宰执：指宰相及相当于宰相的执政官。

⑦俾早晏有节：使早晚各有节度。

【译文】

大德七年（1303）八月二十三日夜，发生大地震，成宗下诏垂问震灾发生的原因及消灾的办法。履谦根据《春秋》的道理说道："地为阴而主静，妻道、臣道、子道都属阴，三者失其道，所以大地不得安宁。消灾的办法是，大臣们应当反省并责求自身，革去其专横的淫威，向上天表示改过自新，只祈祷是无济于事的。"当时成宗正卧病，宰臣中有人作威作福，履谦借此机会向皇帝进谏。大德九年（1305）冬天，始在南郊设坛以祭祀天地，履谦兼为司天台官。按旧制度，祭祀时，司天虽掌握时刻，但没有钟鼓报时器，往往在清晨举行。齐履谦报告执政官，请求使用钟鼓报时，使早晚各有节度。朝廷听取了这个建议。

（三）

【原文】

履谦笃学勤苦，家贫无书。及为星历生，在太史局，会^①秘书监辇^②亡宋故书，留置本院，因昼夜讽诵，深究自得，故其学博洽精通，自六经、诸史、天文、地理、礼乐、律历，下至阴阳五行、医药、卜筮，无不淹贯^③，尤精经籍。著《大学四传小注》一卷，《中庸章句续解》一卷，《论语言仁通旨》二卷，《书传详说》一卷，《易系辞旨略》二卷，《易本说》四卷，《春秋诸国统纪》六卷……著《经世书入式》一卷；《经世书》有内、外篇，内篇则因极而明数，外篇则由数而会极，著《外篇微旨》一卷。《授时历》行五十年，未尝推考，履谦日测暑景^④，并晨昏五星宿度，自至治三年冬至，至泰定二年夏至，天道加时真数，各减见行历书二刻，著《二至暑景考》二卷。

——宋濂等《元史·齐履谦传》

【注释】

①会：恰巧，正好。

②辇：载运，运送。

③淹贯：深通广晓。

④暑（guǐ）景：日影。

【译文】

齐履谦自幼勤学苦读，但家贫无书。等到成了星历生员，在太史局，刚好秘书监运宋朝留下来的旧书，堆放在院内，于是履谦昼夜阅读，深入研究，故学识渊博，从六经、诸史、天文、地理、礼乐、律历，下到阴阳五行、医药、卜筮，无不知识渊博并能融会贯通，尤其精通经籍。其著作有《大学四传小注》一卷、《中庸章句续解》一卷、《论语言仁通旨》二卷、《书传详说》一卷、《易系辞旨略》二卷、《易本说》一卷、《春秋诸国统纪》六卷……写作《经世书入式》一卷；《经世书》分为内、外篇，内篇通过"极"明确数理，外篇则通过数理理解"极"，著有《外篇微旨》一卷。《授时历》应用了五十年，未曾做进一步检验、研究，齐履谦白天观测日影和早晚五星宿度，经过校正，从至治三年冬至，到泰定二年夏至，天天测量日影长度和晨昏时五星位置，发现按《授时历》计算的各种天象的时刻，应该减去二刻才能与实际天象相符，因而著《二至暑景考》二卷。

名匠之光

　　齐履谦（1263—1329），字伯恒，元朝数学家。齐履谦六岁随父亲到京师，七岁读书，看一遍就能记住。十一岁，父亲教他天文历法计算，他学会了所有的方法。十三岁跟老师学习圣贤之学，此后以精通儒学理论为目标，非儒家学说之书不读。

　　齐履谦一生从事天文工作，他孜孜不倦地研究天文现象，积累了丰富的观测经验。至元十六年（1279）以星历生进入太史局，其间对各种理论、实践问题往往有独到的见解。他早年曾参与制定《授时历》的工作，后又主持改制铜漏、重建鼓楼，设郊祀钟鼓更漏制度。此外，他还用了两年时间观测晷影和五星宿度，发现《授时历》与实际天象的时间相差二刻；并有《二至晷景考》《经串演撰八法》等天文历法书传世，前者是他根据自己长期观察对《授时历》所做的推考，后者是他对《授时历》的经、串法的详细解释，这些都是对《授时历》的补充。

　　正如他的名字一样，齐履谦始终保持着谦逊的态度，在天文学领域不断学习、探索和创新，将每一个天文仪器都视作一件艺术品，用心雕琢，精益求精。正是这束"光"，使他在天文学领域取得了卓越的成就，也照亮了天文学的发展道路。

经典选读

刘　焯

（一）

【原文】

　　刘焯字士元，信都昌亭人也。……犀额龟背①，望高视远，聪敏沈深，弱不好弄。少与河间刘炫结盟为友，同受《诗》于同郡刘轨思，受《左传》于广平郭懋当，问《礼》于阜城熊安生，皆不卒业而去。武强交津桥刘智海家素多坟籍②，焯与炫就之读书，向经十载，虽衣食不继，晏如也。遂以儒学知名，为州博士。

刺史赵煚引为从事，举秀才，射策③甲科。与著作郎王劭同修国史，兼参议律历，仍直门下省，以待顾问。俄除员外将军④。后与诸儒于秘书省考定群言。因假还乡里，县令韦之业引为功曹。寻复入京，与左仆射杨素、吏部尚书牛弘、国子祭酒苏威、国子祭酒元善、博士萧该、何妥、太学博士房晖远、崔崇德、晋王文学崔赜等于国子共论古今滞义，前贤所不通者。

——魏征等《隋书·刘焯传》

【注释】

①犀额龟背：犀一样的额头龟一样的背。

②坟籍：古代曲籍。

③射策：汉代考试取士的方式。由主考者出题写在简策上，分甲乙科，应试者随意取试题作答，然后由主考者确定优劣。

④员外将军：官名。官至将军而未有军号者，为正员将军，次为员外将军。

【译文】

刘焯字士元，是信都昌亭人。……有着犀一样的额头、龟一样的背，望得高看得远，聪敏沉稳，体弱而不喜好玩耍。年少时他与河间人刘炫结盟为友，一起在同郡刘轨思门下学习《诗》，在广平人郭懋当门下学习《左传》，曾向阜城人熊安生问《礼》，都没有学完就离开了。武强交津桥刘智海的家中，一向多典籍，刘焯与刘炫就到他家读书，经过十年，即使衣食跟不上，但他们都感到很平静安适。于是刘焯终于以深通儒学而知名，任州博士。

刺史赵煚引荐刘焯为从事，并荐举他为秀才，射策登甲科。此后，刘焯与著作郎王劭一同掌修国史，兼参与议论律历，并且还是当值门下省，等待皇帝的询问。不久，刘焯被封为员外将军。后又与各位儒生在秘书省考核审定各家著述。在休假回乡期间，刘焯被县令韦之业推荐，当了功曹。不久又入京城，他与左仆射杨素、吏部尚书牛弘、国子祭酒苏威、元善，博士萧该、何妥，太学博士房晖远、崔崇德，晋王文学崔赜等人，在国子寺共同研究古今不通顺的义旨，这些都是前贤没有弄清楚的内容。

（二）

【原文】

于是优游乡里，专以教授著述为务，孜孜不倦。贾、马、王、郑所传章句，多所是非。《九章算术》《周髀》《七曜历书》十余部，推步日月之经，量度山海之术，莫不核其根本，穷其秘奥。著《稽极》十卷，《历书》十卷，《五经述议》，并行于世。

——李延寿《北史·刘焯传》

【译文】

于是刘焯悠闲自在地居住在乡里，专心致力于教育和著述，勤奋不懈。对于贾逵、马融、王肃、郑玄等人所传授的章句，他多有是非评判。对于《九章算术》《周髀算经》《七曜历书》等十余部著作，凡涉及推算日月运行的规律、测量山海的技术，（刘焯）无不深入探讨其根本原理，穷尽其奥秘。他撰写了《稽极》十卷、《历书》十卷、《五经述议》，都在世间流传。

名匠之光

刘焯（544—608），字士元，信都（郡治今河北冀州）人。隋代学者，天文学家，数学家。着力研习《九章算术》《周髀算经》《七曜历书》等；还著有《稽极》10卷，《历书》10卷。

刘焯精通天文学，他发现隋朝的历法存在谬误，多次建议修改。公元600年，他创制《皇极历》，在历法中首次考虑太阳视运动的不均匀性，用三次差内插法来计算日月视运动速度，推算出五星位置和日食、月食的起运时刻。这是中国历法史上的重大突破。他主张改革推算二十四节气的方法，废除传统的平气法，使用他创立的定气法。这些主张，直到清初才被颁行的《时宪历》采用，从而完成了中国历法上第五次也是最后一次大改革。此外，他较为精确地计算出岁差（假定太阳视运动的出发点是春分点，一年后太阳并不能回到原来的春分点，而是差一小段距离，春分点逐渐西移的现象叫岁差），定出了春分点每75年在黄道上西移1度，唐宋时期，大都沿用刘焯的数值。

刘焯一生致力于天文学研究，为天文学的发展做出了重要贡献。他的创见和一些论断，在当时未被采纳，却在后世被采用，或在他的研究基础上加以发展、改进。他在历法改革和天文研究中所秉持的勇于创新和追求卓越的工匠精神，也激励着后世坚持不懈地探索宇宙的奥秘，追寻真理的光芒。

经典选读

一　行

（一）

【原文】

沙门一行，俗姓张，名遂，郯公公谨之曾孙。年少出家，以聪敏学行，见重于代。玄宗诏于光文殿改撰历经。后又移就丽正殿，与学士参校①历经。一行乃撰《开元大演历》②一卷，《历议》十卷，《历立成》十二卷，《历书》二十四卷，《七政长历》三卷，凡五部五十卷。未及奏上而卒。张说奏上，请令行用。

初，一行造黄道游仪以进。御制《游仪铭》付太史监，将向灵台上，用以测候。分遣太史官大相元太等，驰驿③往安南、朗、兖等州，测候日影。同以二分二至之日午时量日影，皆数年乃定。安南量极高二十一度六分，冬至日长七尺九寸二分，春秋二分长二尺九寸三分，夏至影在表南三寸三分。蔚州横野军北极高四十度，冬至日影长一丈五尺八分，春秋二分长六尺六寸二分，夏至影在表北二尺二寸九分。此二所为中土南北之极。其朗、兖、太原等州，并差殊不同。一行用勾股法算之，云："大约南北极相去才八万余里。"

修历人陈玄景亦善算术，叹曰："古人云'以管窥天，以蠡测海'，以为不可得而致也。今以丈尺之术而测天地之大，岂可得哉？若依此而言，则天地岂得为大也。"其后参校一行历经，并精密，迄今行用。

　　　　　　　　　　　　　　　　　　　　——刘肃《大唐新语》

【注释】

①参校：参照比较；参照校勘。常指为别人所著之书做校订工作；或以一

书的一种本子做底本，参考其他本子加以校订。

②《开元大演历》："《开元大衍历》"之讹。

③驰驿：驾乘驿马疾行。

【译文】

僧人一行，俗姓张名遂，是郯公张公谨的曾孙。他年少时便出家为僧，因聪明敏捷的学识和品行而受到世人的敬重。唐玄宗下诏让他在光文殿改撰历法。后来，他又被调到丽正殿，与学士们一同参照校勘历法。一行于是撰写了《开元大衍历》一卷、《历议》十卷、《历立成》十二卷、《历书》二十四卷、《七政长历》三卷，共计五部五十卷。然而，在他完成这些著作并上奏之前，他便去世了。张说将他的著作上奏给玄宗，请求实施这些历法。

最初，一行制造了黄道游仪来进献给朝廷。唐玄宗亲自撰写了《游仪铭》交给太史监，准备在灵台上使用它来观测天象。朝廷派遣太史官大相元太等人，分别驾乘驿马赶往安南、朗、兖等州，测量日影的长度。他们选择了二分二至之日的午时测量日影的长度，经过多年的测量才最终确定。安南地区测量的北极高度为二十一度六分，冬至时的日影长度为七尺九寸二分，春秋二分时的日影长度为二尺九寸三分，夏至时的日影在表南三寸三分。蔚州横野军的北极高度为四十度，冬至时的日影长度为一丈五尺八分，春秋二分时的日影长度为六尺六寸二分，夏至时的日影在表北二尺二寸九分。这两个地方分别代表了中土南北的极端。朗、兖、太原等州的测量结果则各有差异。一行使用勾股法进行计算，说："南北两极之间的距离只有八万余里。"

修历人陈玄景也擅长算术，他感叹说："古人说'以管窥天，以蠡测海'，认为是办不到的事情。现在一行僧人用丈、尺为单位来测量天地的大小，怎么可以测量出来呢？若按一行说的话，天与地又怎么能称得上大呢？"后来，陈玄景参加检查校核一行撰写的历经，使它更加精密，直到现在还在使用。

（二）

【原文】

一行少聪敏，博览经史，尤精历象、阴阳、五行之学。时道士尹崇博学先达，素①多坟籍。一行诣②崇，借扬雄《太玄经》，将归读之。数日，复诣崇，还其书。崇曰："此书意指稍深，吾寻之积年，尚不能晓，吾子试更研求，何遽见还也？"一行曰："究其义矣。"因出所撰《大衍玄图》及《义决》一卷以示崇。崇大惊，因与一行谈其奥赜③，甚嗟伏之，谓人曰："此后生颜子也。"一行由是大知名。

——刘昫等《旧唐书》

【注释】

①素：平时，向来。

②诣：到，拜访，特指到尊长那里去。

③奥赜(zé)：指精微的义蕴。

【译文】

一行从小就很聪明敏捷，广泛阅读经书和史书，尤其精通天文、历法、阴阳和五行的学问。当时，道士尹崇是博学、德行高、学问深的知名先辈，向来有很多典籍。一行拜访尹崇，向他借扬雄的《太玄经》，打算拿回去阅读。几天后，一行再次拜访尹崇，归还了这本书。尹崇说："这本书的含义比较深奥，我研究了多年，还不能完全理解，你试着再深入研究一下，为什么这么快就还给我了呢？"一行回答说："我已经研究透彻了。"于是，他拿出自己撰写的《大衍玄图》及一卷《义决》给尹崇看。尹崇非常惊讶，与一行探讨了这些著作的深奥之处，并对一行表示了深深的敬佩。他对别人说："这个年轻人是后起的颜回啊。"因此，一行的名声在学术界迅速传播开来。

名匠之光

一行（673或683—727），唐朝僧人，中国唐朝天文学家和释学家。本名张遂，巨鹿（今河北巨鹿北）人。一行少聪敏，博览经史，尤精历象、阴阳、五行之学。张遂的曾祖是唐太宗李世民的功臣、襄州都督、郏国公张公谨。其父张擅为武功县令。张氏家族在武则天时代已经衰微。张遂自幼生活在关中，刻苦学习历象、阴阳、五行之学。青年时代即以学识渊博闻名于长安。为避开武则天侄子的纠缠，他剃度为僧，取法名为一行。先后在嵩山、天台山、当阳山学习释教经典和天文、数学。曾翻译过多种印度佛经，后成为佛教一派——密宗的领袖。

唐朝开元九年(721)，因为李淳风所编的《麟德历》多次预报日食不准，玄宗命一行主持修编新历。一行一生中最主要的成就是编制《大衍历》，从开元十七年(729)起，根据《大衍历》编纂成的历书颁行全国。他在制造天文仪器、观测天象和主持天文大地测量方面有很大贡献，其重大成就有三：一是创制天文观测仪器和演示仪器，如黄道游仪、水运浑天仪和复矩等；二是主持进行了一次大规模的大地测量工作，这是世界上第一次对子午线长度的实测；三是把中国古代历法的制定工作提高到一个新的水平，使我国的古代历法体系达到完全成熟的地步。一行在天文历法和观测仪器领域中持之以恒、精益求精地创新创造，不仅为唐代天文学的发展做出了巨大贡献，也为后世的科学研究提供了宝贵的资料和启示。

匠心传承

浩渺星空，璀璨如诗。天文学，作为探索宇宙奥秘的学科，自古以来就是人类智慧的结晶。"嫦娥奔月"、屈原的《天问》，寄托了先民们的梦想与思考；观天象，制历法，研制浑天仪，身绑"火箭"飞向天空，古代科学家孜孜探求浩渺宇宙。落下闳创制的浑天仪，宛如一把解锁宇宙奥秘的钥匙，开启了人类观测星空的新纪元。刘焯的《皇极历》推算精确，让历法之光照耀千古。一行的天文观测与仪器制作，是将天文学的精度推向了新的高度。苏颂的水运仪象台，让机械与天文学完美交融，展现了古人的无穷智慧。杨忠辅、齐履谦等天文学家，则不断修订历法，提高精度，为后世的天文学研究奠定了坚实基础。这些古代天文学家的成就，不仅在当时引领了科技的潮流，还对现代航天领域产生了深远的影响。

中华人民共和国成立以来，"飞天揽月"的探索也从未间断：20世纪50年代，现代航天业艰难起步；20世纪70年代，第一颗人造地球卫星"东方红一号"飞上太空；现今，"嫦娥"系列登上月球，带回珍贵的月壤，"天问一号"飞过广袤的太空，探测神秘的火星……如今，在现代科技快速发展的背景下，我国天文学研究已步入国际先进行列。球面射电望远镜"天眼"FAST的成功运行，使得我们在探索宇宙的道路上走得更远；空间站建设、空间望远镜和无人探测器等先进设备的运用，使我们对太空有了更加深入的了解。从古老的观星台到现代的天文望远镜，从朴素的星象图到精密的宇宙模型，一代又一代航天人接力奋进，书写着中华民族探索宇宙的壮丽史诗。

在当代，天文和航天行业也涌现出了一批杰出的领军人物。他们肩负着时代的重任，以更加精准的观测、更加深入的研究、更加创新的思维，推动着行业快速发展。他们中有的致力于研发新型天文观测设备，让人类的视野更加开阔；有的则专注于深空探测技术的研究，为人类登陆月球、火星等太空探索任务提供有力支持。

在当代中国航天领域，两位领军人物熠熠生辉。黄纬禄，中国"航天四老"之一、"两弹一星"功勋奖章获得者，带领团队矢志不渝地攻克技术难关，助推中国导弹事业腾飞，晚年在家养病时，依然牵挂着中国导弹事业的发展；孙家栋，当代航天巨擘、"中国卫星之父"，他倾毕生心血于探月工程，从嫦娥一号到北斗导航，每一项成就都凝聚着他的智慧和汗水、见证了他对航天的执着与热爱。他们身上这种对航天事业的热爱和精益求精的精神，激励着一代又一代航天人勇攀高峰，为实现航天强国梦不懈奋斗。

在这些工匠型航天人才身上，我们看到了大国工匠精神的熠熠传承。一代代中国航天人精益求精、追求卓越，协同攻坚、勇于创新，共同铸就了中国航天精神。从航天传统精神，到"两弹一星"精神，再到载人航天精神，航天精神作为中华民族的骄傲和自豪，已成为凝聚中国精神的重要动力和中华民族宝贵的精神财富。我们相信，航天精神的星光将继续闪耀在人类的心中，引领我们走向无限的未来。让我们怀揣航天精神，勇往直前，不断追求卓越，为人类的进步和发展贡献自己的力量！

第九单元
妙手回春(中医医药)

单元导读

在华夏文明的漫长历史中，中医文化如璀璨的星辰，照亮了人类健康的道路。历代中医名人的智慧与医术，是中华民族宝贵的文化遗产。本单元将带你领略中医名人的风采，从他们的生平背景、医学成就、理论与实践经验、医德医风以及对后世的深远影响等方面，揭示中医文化的魅力与价值。

本单元选取了具有代表的五位古代医师——扁鹊、华佗、张仲景、孙思邈、李时珍。在经典选读部分，你会看到医术高明、机警果断的切脉诊断的创始人扁鹊，医术高超、淡泊名利的"外科圣手"华佗，刻苦钻研、精勤不倦的"医圣"张仲景，医德高尚、勇于创新的"药王"孙思邈，不畏险难、勇于实践的"药圣"李时珍。一篇篇古文，虽历经沧桑，却依旧承载着历史的温度。这些古老的文字，如同时间的印记，深深刻录着大医们的"精"与"诚"。"匠心传承"部分梳理了后世继承与发扬先贤的医学成果，将中医文化推向新高度的历程。这些事例再一次让我们体会到，历代医师的医风医德，不仅是中医文化的重要组成部分，也是中华优秀传统文化的体现。

经典选读

扁　鹊

（一）

【原文】

扁鹊者，勃海郡郑人也，姓秦氏，名越人。少时为人舍长①。舍客长桑君过，扁鹊独奇之，常谨遇之。长桑君亦知扁鹊非常人也。出入十余年，乃呼扁鹊私坐，间与语曰："我有禁方，年老，欲传与公，公毋泄。"扁鹊曰："敬诺。"……乃悉取其禁方书尽与扁鹊。……以此视病，尽见五藏②症结，特③以诊脉为名耳。为医或在齐，或在赵。在赵者名扁鹊。

——司马迁《史记·扁鹊仓公列传》

【注释】

①舍长：招待宾客之所的管理人。

②藏：通"脏"。

③特：只，只不过。

【译文】

扁鹊是勃海郡郑县人，姓秦，叫越人。他年轻时做过人家的客馆主管。有个叫长桑君的客人到客馆来，只有扁鹊认为他是一个奇人，时常恭敬地对待他。长桑君也知道扁鹊不是普通人。他来来去去有十多年了，一天叫扁鹊和自己坐在一起，悄悄地和扁鹊说："我有秘藏的医方，我年老了，想传给你，你不要泄漏出去。"扁鹊说："好吧，遵命。"……长桑君就把所有秘方拿出来给了扁鹊。……（扁鹊）用这些秘方来医治病人，能看到病人五脏六腑里的病症，只是表面上还在为病人切脉。他有时在齐国行医，有时在赵国行医。在赵国行医时他被称为扁鹊。

(二)

【原文】

经言，望而知之谓之神，闻而知之谓之圣，问而知之谓之工，切脉而知之谓之巧。何谓也^①？

然：望而知之者，望见其五色，以知其病。闻而知之者，闻其五音，以别其病。问而知之者，问其所欲五味，以知其病所起所在也。切脉而知之者，诊其寸口^②，视其虚实，以知其病，病在何脏腑也。经言，以外知之曰圣，以内知之曰神，此之谓也。

——扁鹊《难经·六十一难》

【注释】

①何谓也：倒装句，"谓何也"，即"这是什么意思"。

②寸口：寸口脉。两手桡骨头内侧桡动脉的诊脉部位，属于太阴肺经，该处太渊穴距离鱼际一寸，故名。

【译文】

医学经书上说：医者通过观察病人容貌就能诊断病情的，称为神；通过听病人的声音就能诊断病情的，称为圣；通过询问就能诊断病情的，称为工；通过切脉就能诊断病情的，称为巧。这是什么意思？

答：通过观察知道病情的，观察病人的面色变化，可以了解病情。通过听知道病情的，听病人的说话声音，注意高低、强弱、清浊、缓急等不同的变化，分辨出病邪所在部位。通过询问知道病情的，询问病人对五味的感觉情况，可以了解病情发生的原因和部位。通过切脉知道病情的，诊察病人的寸口脉，从脉象的迟、数、虚、实，可以了解病邪所在的脏腑。医学经书上说的，从外部了解病情的称圣，从内部了解病情的称神，说的就是这种情况。

(三)

【原文】

其后扁鹊过虢。虢太子死，扁鹊至虢宫门下，问中庶子^①喜方者曰："太子何病，国中治穰过于众事？"中庶子曰："太子病血气不时^③，交错而不得泄……是以阳缓而阴急，故暴蹶^④而死。"扁鹊曰："其死何如时？"曰："鸡鸣至今。"曰：

"收乎？"曰："未也，其死未能半日也。""言臣齐勃海秦越人也，家在于郑，未尝得望精光侍谒于前也。闻太子不幸而死，臣能生⑤之。"中庶子曰："先生得无诞之乎？何以言太子可生也！臣闻上古之时，医有俞跗，治病不以汤液醴洒，镵石⑥挢引⑦，案⑧扤⑨毒熨，一拨见病之应，因五藏之输，乃割皮解肌，诀脉结筋，搦髓脑，揲⑩荒⑪爪幕，湔浣肠胃，漱涤五藏，练精易形。先生之方能若是，则太子可生也；不能若是而欲生之，曾不可以告咳婴之儿。"……扁鹊曰："越人非能生死人也，此自当生者。越人能使之起耳。"

——司马迁《史记·扁鹊仓公列传》

【注释】

①中庶子：战国时国君、太子、相国的侍从之臣。汉代以后为太子中庶子省称。

②禳（ráng）：通"禬"，免灾求福的祭祀。

③不时：指（血气运行）没有规律。

④蹷：通"厥"，气逆上而晕眩倒地、失去知觉。

⑤生：使……生，复活。

⑥镵（chán）石：古时治病用的石针。

⑦挢（jiǎo）引：导引。

⑧案：通"按"。

⑨扤（wù）：摇动。

⑩揲（shé）：取。

⑪荒：通"肓"，膏肓。

【译文】

此后，扁鹊来到虢国。正好虢太子死了，扁鹊来到虢国王宫门前，问一位懂得医术的中庶子："太子得的什么病？为什么全国都在举行除邪祛病的祭祀，而把其他许多事搁置了？"中庶子说："太子的病是气血运行的规律被打乱，阴阳交错而不能泄……因此阳气缓而阴气急，所以突然昏倒而死。"扁鹊问："他什么时候死的？"中庶子回答说："从鸡鸣到现在。"扁鹊又问："已经收殓了吗？"中庶子说："还没有，他死去还不到半天呢。"扁鹊说："请禀告君王，说我是齐国勃海郡秦越人，家在郑地，未能仰望君王的神采为其效力。听说太子死了，我能使他复活。"中庶子说："先生，你大概是吹牛的吧？怎么说太子可以复活呢？我听说上古的时候，有个叫俞跗的医生，治病时不用汤剂、药酒、石针、导引、按摩、药熨，而是一解开衣服诊视就知道疾病的所在，顺着五脏的穴道，然后割开皮肤，疏通经脉，结扎筋腱，按摩髓脑，触动膏肓，疏理隔膜，清洗肠胃，漱涤五脏，修炼精气，改变神情气色。先生的医术能像这样，那么太子就可以复活；如果不能像这样，却想要使他复活，简直不可以用这样的话欺骗刚会笑的孩子。"……扁鹊说："我不是能使死人复活，这是他应当活下去。我只是促使他恢复健康罢了。"

名匠之光

扁鹊，原名秦越人，勃海郡郑县(今河北任丘北)人。战国时期医学家，中医利用切脉诊断的创始人。

人们称扁鹊为医学祖师，把他作为我国古代最伟大的医学家之一。他的一生充满了传奇色彩，年轻时师从长桑君学医，尽得其传，善于诊断，尤精于望诊和脉诊。他归纳的望、闻、问、切四种诊病方法一直沿用至今。他反对巫术迷信，提出了"六不治"的思想，撰写了《难经》等医学著作，对我国医疗事业的发展产生了深远的影响。2023年4月20日，中国出土医学文献与文物研究院院长柳长华表示，经过反复求证，在成都出土的《天回医简》为扁鹊、仓公所传之医书。它在汉景帝时由齐鲁传入蜀地，是汉代主流医学著作。其所反映的汉代医疗水平已十分发达，不但用上了中成药，还有详细的色诊、脉诊体系。

扁鹊虽医术高明、名声显赫，但为人处世十分低调，心中装着黎民百姓，以医技普济众生。他顶烈日，冒严寒，走遍千山万水，深入村寨院落，无论王公贵族、庶民百姓都一视同仁。当病家出于感激向他致谢时，不管什么礼物他都不肯收下，相反他还常去接济贫穷人家。他心系患者、仁爱至诚的高尚医德，感染着每一个人。数千年来，人们一直传颂着他救死扶伤的故事，并为他树碑建庙，表示怀念。

华　佗

（一）

【原文】

佗行道，见一人病咽塞①，嗜食而不得下，家人车载欲往就医。佗闻其呻吟，驻车往视，语之曰："向来道边有卖饼家，蒜齑②大酢③，从取三升饮之，病自当去。"即如佗言，立吐蛇④一枚，县车边，欲造⑤佗。佗尚未还⑤，小儿戏门前，逆⑥见，自相谓曰⑦："似逢我公，车边病是也。"疾者前入坐，见佗北壁县此蛇辈约以十数。

——陈寿《三国志·华佗传》

【注释】

①塞：堵住，此处指寄生虫堵住喉咙。

②蒜齑(jī)：捣碎的大蒜，蒜泥。

③酢(cù)：醋。

④蛇：指一种外形像蛇的肠道寄生虫。

⑤还：返回。此处指回家。

⑥逆：迎面。

⑦自相谓曰：自言自语。

【译文】

华佗走在路上，看见有一个人患咽喉堵塞的病，想要吃东西却不能下咽，家里人用车正载着他想要去求医。华佗听到病人的呻吟声，就停车去诊视，告诉他们说："刚才我来的路上有家卖饼的，有蒜泥和醋，你向店主买三升来喝，病痛自然会好。"他们马上照华佗所说的去做，（病人吃下后）立即吐出一条蛇一样的寄生虫，他们把虫悬挂在车边，想要到华佗家去拜谢。华佗还没有回家，华佗的儿子在门口玩耍，迎面看见他们，小孩自言自语地说："你们像是遇到了

165

我的父亲，车边挂着的寄生虫就是证明。"病人进屋坐下，看到华佗屋里北面墙上悬挂着大约几十条这类寄生虫。

（二）

【原文】

广陵①太守陈登忽患匈②中烦懑③，面赤，不食。佗脉④之，曰："府君⑤胃中有虫。欲成内疽⑥，腥物所为也。"即作汤二升，再服⑦，须臾，吐出三升许虫，头赤而动，半身犹是生鱼脍⑧，所苦便愈。佗曰："此病后三期当发，遇良医可救。"登至期疾动，时佗不在，遂死。

——范晔《后汉书 华佗传》

【注释】

①广陵：东汉郡名，治所在广陵，故城在今江苏省扬州市东北。

②匈：通"胸"。

③懑：通"闷"。

④脉：此处用作动词，切脉。

⑤府君：汉代太守所居之地叫府，于是称太守为府君。

⑥内疽(jū)：指脏腑的肿疡。病发内部，而外表有红肿的，为内痈；痈发内部，外部无红肿，只是隐隐作痛的，为内疽。

⑦再服：先服一升，稍停片刻，再服一升。

⑧脍：细切的肉。

【译文】

广陵太守陈登胸中烦闷，面赤，不思饮食。华佗切脉诊断后说："您胃中有寄生虫。这将形成肿疡，是过食腥物造成的。"立即煮了两升汤药，先服一升，稍停片刻，再服一升，过了一会儿，陈登吐出三升左右的寄生虫，它们头是红色的，而且在蠕动，半身像是切细的生鱼丝，随后病症消失。华佗说："这个病三年后还会复发，要遇到好的医生方可救治。"果然三年后疾病复发，当时华佗不在，于是陈登就病死了。

(三)

【原文】

曹操闻而召佗，常在左右。操积①苦头风②眩③，佗针，随手而差④。

——范晔《后汉书·华佗传》

【注释】

①积：多年。

②头风：头痛。

③眩：眼花。

④差(chài)：病愈。

【译文】

曹操听说华佗的医术高明，就把他找来，让他常侍左右。曹操多年被头痛眼花病所苦，华佗给他扎针，很快就好了。

(四)

【原文】

为人性恶①，难得意，且耻以医见业②，又去家思归，乃就操求还取方③，因托妻疾，数期不反④。操累书⑤呼之，又敕⑥郡县发遣⑦。佗恃能⑧厌事⑨，犹不肯至。操大怒，使人廉⑩之，知妻诈疾，乃收付狱讯，考验⑪首服⑫。荀彧⑬请曰："佗方术实工⑭，人命所悬⑮，宜加全宥⑯。"操不从，竟杀之。佗临死，出一卷书与狱吏，曰："此可以活人。"吏畏法不敢受。佗亦不强与⑰，索火烧之。

——范晔《后汉书·华佗传》

【注释】

①性恶：性格倔强耿直。恶，此处指不肯迎合别人。

②耻以医见业：认为做曹操的侍医是可耻的。

③求还取方：请求回家取药方。

④数期不反：几次延期不回来。

⑤累书：多次写信。

⑥敕：命令。

⑦发遣：打发他动身。

⑧恃能：仗恃才能。

⑨厌事：讨厌侍奉(曹操)。事，侍奉。

⑩廉：调查。

⑪考验：用刑审讯。

⑫首服：招认有罪。

⑬荀彧(yù)：字文若，曹操的谋士。

⑭工：高明。

⑮悬：维系。

⑯全宥(yòu)：保全。

⑰不强与，不勉强给(狱吏)。

【译文】

华佗为人性情耿直，难以得意，而且以做曹操的侍医为耻，加上离家思归，因此向曹操请求回家取药方。他回家以后，借口妻子有病，多次延期不归。曹操多次写信催他返回，又命令郡县的官吏打发他动身。华佗仗恃自己的本领，不喜欢做曹操的侍医，还是不肯来。曹操大怒，派人调查华佗，知道他妻子有病是假的，因此就把他逮捕下狱用刑审讯，强迫他招供认罪。荀彧向曹操请求说："华佗医道实在高明，关系着人的生命，应该保全他。"曹操没有听从，最终杀了华佗。华佗临死前，拿出一卷书给狱吏，说："这可以救人。"狱吏怕犯法，不敢接受。华佗也不勉强给他，就用火烧掉了。

名匠之光

华佗(？—208)，一名旉，字元化，沛国谯(今安徽亳州)人。东汉末年著名医学家。华佗与董奉、张仲景(张机)并称为"建安三神医"。

华佗少时曾在外游学，钻研医术而不求仕途。他精通内、妇、儿、针灸各科，尤其擅长外科，精于手术，被后人称为"外科圣手""外科鼻祖""神医"。其行医足迹遍及安徽、山东、河南、江苏等地。他曾让病人服用麻沸散后对其施行剖腹手术，这是世界医学史上应用全身麻醉进行手术治疗的最早记载。又仿虎、鹿、熊、猿、鸟等禽兽的动态创作名为"五禽之戏"的体操，教导人们强身健体。华佗在针术和灸法上的造诣也十分高深。他每次在使用灸法的时候，不过取一两个穴位，灸上七八针，病就好了。用针刺治疗时，也只取一两个穴位，告诉病人针感会达到什么地方，然后针感到了他说的地方后，病人就说"已到"，针拔出来，病人身体也就好了。这足以看出华佗的医术之高。

他不仅医术高明，而且医德高尚。作为医者，华佗刻苦学习，善于总结治病经验，热心为人民解除疾苦，深受当时人民的欢迎和爱戴。

经典选读

张仲景

（一）

【原文】

张仲景过山阳王仲宣，谓曰："君体有病，后年三十当眉落。"仲宣时年十七，以①其言贯远，不治。后至三十，疾，果眉落。

——范晔《后汉书·何颙别传》

【注释】

①以：认为。

【译文】

张仲景拜访了山阳的王仲宣，对他说："你的身体有病，到三十岁的时候眉毛会脱落。"当时王仲宣只有十七岁，认为张仲景的话似乎很遥远，并没有去治疗。后来，王仲宣到了三十岁，生了一场大病，眉毛果然都脱落了。

（二）

【原文】

医道之晦①久矣。明人有四大家之说，指张仲景、刘河间、李东垣、朱丹溪四人，谓为千古医宗。此真无知妄谈也。

夫仲景先生，乃千古集大成之圣人，犹儒宗之孔子。河间、东垣，乃一偏之学。丹溪不过斟酌诸家之言，而调停去取，以开学人便易之门。此乃世俗之所谓名医也。三子之于仲景，未能望见万一，乃跻而与之并称，岂非绝倒？

如扁鹊、仓公、王叔和、孙思邈辈，则实有师承，各操绝技，然亦仅成一家之言，如儒家汉唐诸子之流，亦断断不可与孔子并列，况三人哉？至三人之高下，刘则专崇《内经》，而实不能得其精义；朱则平易浅近，未睹本原；至于东垣执专理脾胃之说，纯用升提香燥，意见偏而方法乱，贻误后人，与仲景正相反。后世颇宗其说，皆由世人之于医理全未梦见，所以为所惑也。更可骇者，以仲景有《伤寒论》一书，则以为专明伤寒，《金匮要略》则以为不可依以治病，其说荒唐更甚。

吾非故欲轻三子也，盖此说行，则天下惟知三子之绪余，而不深求仲景之学，则仲景延续先圣之法，从此日衰，而天下万世，夭扎②载途。其害不小，故当亟③正之也。

——徐大椿《医学源流论·四大家论》

【注释】

①晦：昏暗，不明显。引申为凋零，衰落。

②夭扎(zhá)：遭疫病而早死。

③亟(jí)：快速，迅速。

【译文】

医道已经衰落很久了。明朝的时候有医学四大家之说，（这四大家）指的是张仲景、刘河间、李东垣、朱丹溪四人，称他们为千古医宗。这真是无知妄谈啊。

仲景先生，是千古集大成的圣人，犹如儒家的孔子。刘河间、李东垣，只是偏于一面的学说。朱丹溪不过是斟酌各家之言，而调停取舍，从而打开学医的人的简便、容易之门。这就是世俗所称的名医。这三个人与仲景相比，连万分之一都比不上，却把他们并列起来，难道不是荒谬绝伦吗？

像扁鹊、仓公、王叔和、孙思邈等人，则有实际的师承，各怀绝技，然而他们的学说也仅仅是各成一派，像儒家汉唐各家一样，他们断然不能和孔子相提并论，更何况是这三个人呢？至于这三个人医术的高下，刘河间专门推崇《黄帝内经》，但实际上他并没有真正掌握它的精义；朱丹溪的学说平易浅近，但没有看到医学的根本；至于李东垣，他持有单一地调理脾胃的理论，治法上纯粹采用升提香燥的方法，他的见解偏狭而治法混乱，误导了后人，和仲景的医学理论正好相反。后世的人很推崇他们的学说，都是由于世人对于医学的道理全然没有了解，所以被他们的话所迷惑。更可怕的是，有人因为仲景有《伤寒论》一书，就以为他只专门阐明伤寒，进而认为《金匮要略》不可靠，不能依据它来治疗疾病，这种说法更加荒唐。

我并不是故意要轻视这三个人，大概因为这种学说如果流行开来，天下的人就只知道这三个人的一点皮毛，而不去深入探求仲景的学说，那么仲景延续古代圣人的医学理论，从此就会日渐衰落，而天下、后世将都是遭疫病而早死的人。其中的害处实在是不浅，所以应当赶快纠正这种错误的说法。

（三）

【原文】

张仲景，《汉书》无传，见《名医录》云：南阳人，名机，仲景乃其字也。举①孝廉，官至长沙太守，始受术于同郡张伯祖，时人言，识用精微过其师。所著论，其言精而奥，其法简而详，非浅闻寡见者所能及。自仲景于今八百余年，惟王叔和能学之。其间如葛洪、陶景、胡洽、徐之才、孙思邈辈②，非不才也，但各自名家，而不能修明之。

——高保衡、孙奇、林亿等《伤寒论序》

【注释】

①举：推荐；选用。

②辈：等，类(指人)。

【译文】

《汉书》中没有关于张仲景的传记，《名医录》里记载：南阳人，名机，仲景是他的字。他曾被推举为孝廉，官做到长沙太守。起初他向同郡的张伯祖学习医术，当时的人们说，他的见解精辟深奥，超过了他的老师。他所写的医学论文，语言精练而深奥，治疗方法简明而详尽，不是学识浅薄、见闻多的人所能比得上的。从仲景的时代到现在已八百多年，只有王叔和能效法他。这期间像葛洪、陶景、胡洽、徐之才、孙思邈等人，并不是没有才能，只是各成一家，无法全面阐明仲景的学术思想。

名匠之光

张仲景，名机，字仲景，南阳郡(治今河南南阳)人。东汉末年医学家，

"建安三神医"之一，被后人尊称为"医圣"。

张仲景一生勤奋好学，博览群书，尤其对医学有着浓厚的兴趣。比张仲景年长的一个同乡何颙对他颇为了解，曾说："君用思精而韵不高，后将为良医。"意思是说张仲景才思过人，善思好学，聪明稳重，但是没有做官的气质和风采，不宜做官。只要专心学医，将来一定能成为有名的医家。何颙的话更加坚定了张仲景学医的信心，从此他学习更加刻苦。196—204 年，南阳地区疫病流行，导致大量人口死亡，其中包括他的许多同族人。面对这一惨状，张仲景决定辞官从医，致力于研究伤寒病的起因和治疗方法。他深入钻研，广泛收集医方，结合自己的医疗实践经验，最终写成了传世巨著《伤寒杂病论》。他确立的辨证论治原则，是中医临床的基本原则，也是中医的灵魂所在。

在方剂学方面，《伤寒杂病论》也做出了巨大贡献，创制了很多剂型，记载了大量有效的方剂。其所确立的六经辨证的治疗原则，受到历代医学家的推崇。这是中国第一部从理论到实践、确立辨证论治法则的医学专著，是中国医学史上影响极大的著作之一，是后学者研习中医必备的经典著作。

经典选读

孙思邈

（一）

【原文】

凡大医治病，必当安神定志，无欲无求，先发大慈恻隐之心，誓愿普救含灵①之苦。若有疾厄来求救者，不得问其贵贱贫富，长幼妍蚩②，怨亲善友③，华夷④愚智，普同一等，皆如至亲之想。亦不得瞻前顾后，自虑吉凶，护惜身命。见彼苦恼，若己有之，深心凄怆。勿避险巇⑤、昼夜、寒暑、饥渴、疲劳，一心赴救，无作功夫⑥形迹⑦之心。如此可为苍生大医，反此则是含灵巨贼。自古名贤治病，多用生命以济危急，虽曰贱畜贵人，至于爱命，人畜一也，损彼益己，物情同患⑧，况于人⑨乎！夫杀生求生，去生更远。吾今此方，所以不用生命为药者，良由此也。其虻虫、水蛭之属，市有先死者，则市⑩而用之，不在此例。只如鸡卵一物，以其混沌⑪未分，必有大段⑫要急之处，不得已隐忍⑬而用之。能不用者，斯为大哲⑭，亦所不及也。其有患疮痍下痢，臭秽不可瞻视，人所恶见者，但发惭愧凄怜忧恤之意，不得起一念蒂芥⑮之心，是吾之志也。

——孙思邈《备急千金要方·大医精诚》

【注释】

①含灵：佛教名词，指人类。

②妍蚩：美丑。妍，娇美。蚩，通"媸"，丑陋。

③怨亲善友：互文，与自己有怨念或者与自己关系较好的亲人或朋友。表示关系亲疏的意思。

④华夷：谓不同民族之人。华，汉族。夷，古代对异族的统称。

⑤险巇(xī)：艰险崎岖。比喻艰难险恶。

⑥功夫：时间，此谓耽搁时间。

⑦形迹：客套，此谓婉言推托。

⑧患：厌恨。

⑨于人：《医心方》引作"圣人"。

⑩市：购买。

⑪混沌：古人想象中天地未分时浑然一体的状态。此指鸡雏成形前的状态。

⑫大段：犹言十分。

⑬隐忍：克制忍耐。

⑭大哲：才能识见超越寻常的人。

⑮蒂芥：又作"芥蒂"，细小的梗塞物。比喻郁积在胸中的怨恨和不快。

【译文】

凡是品德医术俱优的医生治病，一定要安定心神和情志，无欲念，无希求，首先表现出慈悲同情之心，决心拯救人类的痛苦。如果有患疾病、受灾厄来求医生救治的，不可以先问对方身份是高贵还是低贱，是贫穷还是富裕，是年长还是年幼，是美还是丑，是与自己有怨念的还是与自己关系较好的亲人或朋友，是汉族还是少数民族，是愚笨的人还是聪明的人，一律同样看待，都当作极亲的人对待。也不可以瞻前顾后，考虑医病下药对自身的利弊得失，维护、爱惜自己的身家性命。看到病人的烦恼，就好像自己感同身受，内心悲痛，不避忌艰难险阻、白天黑夜、寒暑、饥渴、疲劳，全心全意地去救护病人，没有显示功夫、事迹的心思。像这样才能称作百姓的好医生，与此相反的话，就是人类生命的最大的戕害者。自古以来，有名的医生治病，多数用活体来救治危急的病人，虽然说人们认为畜牲是低贱的，人是高贵的，但从爱惜生命的高度来说，人和畜牲的生命都是一样的。损害他体使自己受益，是生物都会憎恶的，何况是人呢！杀害畜牲的生命来求得人的生命，那么离"生"的道义就更远了。我这些方子不用活物做药，的确是出于这样的理念。其中虻虫、水蛭这一类药，市上有已经死了的，就买来入药，不在这个范围之内。只是像鸡蛋这样的东西，因为它还处在成形前的状态，一旦遇到紧急情况，就不得已而忍痛用它。能不用活物的人，这才是才能识见超越寻常的人，也是我比不上的。如果有病人患疮痍、泻痢，污臭不堪入目，别人都不愿看的，医生只能表现出羞愧、悲伤、怜悯、忧虑、顾恤的意思，不能产生一点不快的念头，这就是我的志向。

（二）

【原文】

照邻有恶疾，医所不能愈，乃问思邈："名医愈疾，其道何如？"

思邈曰："吾闻善言天者，必质之于人；善言人者，亦本之于天。天有四时五行，寒暑迭代，其转运也，和而为雨，怒而为风，凝而为霜雪，张而为虹蜺，此天地之常数也。人有四支五藏，一觉一寐，呼吸吐纳，精气往来，流而为荣卫[1]，彰而为气色，发而为音声，此人之常数也。阳用其形，阴用其精[2]，天人之所同也。……良医导之以药石，救之以针剂，圣人和之以至德，辅之以人事，故形体有可愈之疾，天地有可消之灾。"……

思邈自云开皇辛酉岁生，至今年九十三矣。询之乡里，咸云数百岁人。话周、齐间事，历历如眼见。以此参之，不啻百岁人矣。……

初，魏征等受诏修齐、梁、陈、周、隋五代史，恐有遗漏，屡访之。思邈口以传授，有如目睹。

……永淳元年卒。遗令薄葬，不藏冥器，祭祀无牲牢。经月余，颜貌不改。举尸就木，犹若空衣，时人异之。

——刘昫等《旧唐书·孙思邈传》

【注释】

①荣卫：中医名词，荣指血的循环，卫指气的周流。

②精：实质。

【译文】

卢照邻患有痛苦难治的疾病，医治不好，就问孙思邈："高明的医生治好人的疾病，他凭的是什么？"

孙思邈说："我听说会谈自然规律的，一定要用人情事理作为依据；会谈人情事理的，也要以自然法则为根本。大自然分春夏秋冬四个季节、水火木金土五种元素，寒暑交替，就是它运行的规律，天气平和就下雨，气势旺盛就刮风，水汽凝结就结霜落雪，光照云舒就出彩虹，这些都是大自然的正常现象。人有上下四肢、脾肺肾肝心五脏，起床睡觉，呼气吸气，精神元气时衰时旺，通畅就生气血，显现的就是神色，振动就有声音，这些就是人的正常现象。从显露的表象，看隐蔽的实质，这是研究自然和人体的共同方法。……对于人体疾病，高明的医生用药物疏导，用针灸治疗。对于自然灾变，圣人用最高尚的道德理顺天意民心，那么人体就有可以治愈的疾病，天地有可以消除的灾害。"……

孙思邈自己讲他出生于隋文帝开皇辛酉年（601），到今年九十三岁了。问他的乡亲，都说他是几百岁的人。他谈起北周、南齐年间的往事，分明如同亲眼所见，以此验证，他不止一百岁了。……

当初，魏征等人按照唐太宗的指示编纂南齐、南梁、南陈、北周、隋朝五代的历史，担心遗漏，多次询问他。孙思邈口述起来，宛如亲眼看见。

……孙思邈于高宗永淳元年去世。遗言要求从简安葬，不要陪葬器物，不用羊牛猪等祭祀牲畜。他死后一个多月，脸色外貌没有变化。抬起遗体入棺，轻得好像只是拿着空空的衣服，人们为之惊异。

名匠之光

孙思邈（581—682），京兆华原（今陕西省铜川市耀州区）人。唐代医学家、道士，中医医德规范和大医精诚的制定人，被后人尊为"药王"。

孙思邈自幼多病，故立志于学习医学知识。青年时期开始行医于乡里，其提倡并践行以"大医精诚"之医德对待病人，不管贫富老幼、怨亲善友，都一视同仁，无论风雨寒暑、饥渴疲劳，都求之必应，一心赴救，并取得了良好的治疗效果，深为群众崇敬。基于数十年的临床实践，孙思邈编著了《备急千金要方》《千金翼方》两部医学著作，晚年还主持完成了世界上第一部国家药典《唐新本草》的编写。孙思邈将张仲景的六经辨证法改为按方剂主治及临床表现特点相结合的分类法，成为以方类证的指南；提倡的脏腑虚实、寒热辨证，对后世脏腑辨证影响深远；总结妇科、儿科成就，提出应独立设科，对后世妇科、儿科形成专科有促进作用；提倡保健灸(足三里)，按摩、导引、散步，轻微劳动及食治、讲求卫生等结合，为老年病的防治留下了宝贵经验。孙思邈逝世后，当时的人们将其故乡的五台山改为药王山，还为其建庙塑像，树碑立传。

孙思邈的匠德高尚，历史影响深远，他的医学成就和人格魅力，不仅在当时备受推崇，而且对后世的医学发展产生了深远的影响。他的传世名言"人命至重，有贵千金，一方济之，德逾于此"，更是成为医者们的座右铭。

经典选读

李时珍

(一)

【原文】

李时珍字东璧，蕲州人。祖某，父言闻，世孝友，以医为业。……年十四，补诸生。三试于乡，不售。读书十年，不出户庭，博学无所弗窥。善医，即以医自居。富顺王嬖庶孽，欲废适①子。会②适子疾，时珍进药，曰附子和气汤。王感悟，立适子。楚王闻之，聘为奉祠，掌良医所事。世子暴厥，立活之。荐于朝，授太医院判。一岁告归，著《本草纲目》。

——顾景星《白茅堂诗文集·李时珍传》

【注释】

①适：通"嫡"。

②会：恰好，正好。

【译文】

李时珍字东璧，蕲州人，祖父李某，父亲李言闻，世代孝顺父母，关爱兄弟，以行医为业。……李时珍在十四岁时补做生员。三次参加乡试，没有中举。他读书十年，不出家门，广泛学习，没有什么不看的。他擅长医术，就以医生自居。富顺王宠爱庶子，想废掉嫡子的王位继承权。恰逢嫡子患病，李时珍进献汤药，说这服药叫附子和气汤。富顺王有所醒悟，仍然立嫡子为王位继承人。楚王听说李时珍后，召他去做王府奉祠正，并兼管王府良医所的事务。楚王嫡子突然休克，李时珍(药到病除)，使之活命。楚王(于是)(将他)推荐给朝廷，(朝廷)授予他太医院判一职。一年后他请求回乡，写《本草纲目》一书。

(二)

【原文】

李时珍字东璧，蕲州人。好读医书，医家《本草》，自神农所传止三百六十五种，梁陶弘景所增亦如之，唐苏恭增一百一十四种，宋刘翰①又增一百二十种，至掌禹锡、唐慎微辈，先后增补合一千五百五十八种，时称大备。然品类既烦，名称多杂，或一物而析为二三，或二物而混为一品，时珍病之。乃穷搜博采，芟②烦补阙，历三十年③，阅书八百余家，稿三④易而成书，曰《本草纲目》。增药三百七十四种，厘⑤为一十六部，合成五十二卷。首标正名为纲，余各附释为目，次以集解详其出产、形色，又次以气味、主治附方。书成，将之上朝，时珍遽⑥卒。未几，神宗诏修国史，购四方书籍。其子建元以父遗表及是书来献，天子嘉之，命刊行天下，自是士大夫家有其书。

——张廷玉等《明史·方伎》

【注释】

①刘翰：后周时任翰林医官，后入宋，主持编纂《开宝本草》。

②芟(shān)：删除。

③历三十年：明嘉靖三十一年(1552)李时珍开始修书，万历六年(1578)脱稿，历时27年。称历三十年，是约数。

④三：表多次。

⑤厘：订正。

⑥遽(jù)：突然。

⑦奉祠正：掌管祭祀礼仪的官员。

【译文】

李时珍，字东璧，蕲州人。爱好读医学书，医书《神农本草经》，从神农传下来的药物有三百六十五种，梁陶弘景所增添的药物数量与神农的差不多，唐朝苏恭增加了一百一十四种，宋刘翰又增加了一百二十种，到掌禹锡、唐慎微这一辈人，先后增补合计一千五百八十种，当时被认为是很完备的。但是品类分得繁多，名称又杂乱，有的一种药物被分为两三种，有的两种药物又混为一品，李时珍对此感到很不满意。于是他广搜博采，删除繁杂的，增补缺漏的，历时三十年，查阅了八百余家医药书籍，稿本经多次修改才成书，书名叫《本草纲目》。书中增加药物三百七十四种，订正为十六部，合成五十二卷。首先标正名作为纲目，接下来附上各家注释为目，然后用集解详细记录该药物的产地、形状、色泽，又把气味、主治某病的方剂附上。书编好后，准备进献给朝廷，李时珍却突然去世。不久，明神宗下诏修国史，重金征求各地书籍。李时珍的儿子建元拿他父亲留下的奏章和这部书献给朝廷，皇帝十分赞赏这部书，下令刊行天下，从此士大夫家里都有这部书。

（三）

【原文】

楚蕲阳①李君东璧，一日过予弇山园谒予，留饮数日。予窥其人，晬然②貌也，癯③然身也，津津然谭④议也，真北斗以南一人。解其装，无长物，有《本草纲目》数十卷。谓予曰："时珍，荆楚鄙人也。幼多羸疾，质成钝椎，长耽典籍，若啖蔗饴。遂渔猎群书，搜罗百氏，凡子、史、经、传、声韵、农圃、医卜、星相、乐府诸家，稍有得处，辄著数言。古有《本草》一书，自炎皇及汉、梁、唐、宋，下迨国朝，注解群氏旧矣。第其中舛谬差讹遗漏，不可枚数。乃敢奋编摩之志，僭纂述之权。岁历三十稔，书考八百余家，稿凡三易。复者芟之，阙者缉⑤之，讹者绳之。旧本一千五百一十八种，今增药三百七十四种，分为一十六部，著成五十二卷。虽非集成，亦粗大备，僭名曰《本草纲目》。愿乞一言，以托不朽。

予开卷细玩，每药标正名为纲，附释名为目，正始也；次以集解、辨疑、正误，详其土产形状也；次以气味、主治、附方，著其体用也。上自坟典，下及传奇，凡有相关，靡不备采。如入金谷之园，种色夺目；如登龙君之宫，宝藏悉陈；如对冰壶玉鉴，毛发可指数也。博而不繁，详而有要，综核究竟，直窥渊海。兹岂仅以医书觏哉？实性理之精微，格物之通典，帝王之秘录，臣民之重宝也。李君用心嘉惠何勤哉！噫！砆⑥玉莫剖，朱紫相倾，弊也久矣。故辨专车之骨，必俟鲁儒；博支机之石，必访卖卜⑦。予方著《弇州卮言》，恚博古如《丹铅卮言》后乏人也，何幸睹兹集哉！兹集也，藏之深山石室无当，盍锲之，以共天下后世味《太玄》如子云者！

——王世贞《〈本草纲目〉原序》

【注释】

①蕲(qí)阳：今湖北蕲春县。

②晬(zuì)然：温润的样子。

③癯(qú)：消瘦。

④谭：通"谈"。

⑤缉：通"辑"。

⑥砆(wǔ)：似玉的石头。

⑦卖卜：严君平，汉人，名遵，以卜筮为业。

【译文】

湖北蕲阳有个叫李东璧的。有一天到弇山园来拜访我，一起饮酒几日。我仔细观察他，发现他面貌润泽而有光彩，清瘦而有精神，兴味浓厚地交谈、议论，普天之下，李时珍算得上第一人了。他打开行装，没有多余的东西，只有一部数十卷的《本草纲目》。他对我说道："时珍是湖北人，幼小多病，天生笨拙。长大以后爱读古典著作，就像吃到了蔗糖一样。于是就广泛地阅读群书，搜罗百家著述，凡是子、史、经、传、声韵、农圃、医卜、星相、乐府诸家看过后有心得就写下来。原来有一本《神农本草经》，从神农氏到汉、梁、唐、宋，下至今朝，注解这部书的很多。但其中差错、伪论、有遗漏的，不可一一计算。于是我就大胆地振奋搜集研究的志向，冒昧地担当起撰述这本书的工作。经过了三十年的努力，参考了八百多部书，稿件修改了多次。删去重复的，加上缺少的，纠正错误的。旧的版本有一千五百一十八种，现又增加三百七十四种，分为十六部，编著成五十二卷。虽然未完成，也基本上全了，冒昧署名为《本草纲目》。我希望您给这本书作序，以使其成为不朽之作。"

我打开书卷仔细研读，见每一种药标明正名为纲，别名为目。从证明开始；然后是集解、分辨疑惑、纠正错误，详细地介绍产地、形状；再是气味、主治、附方，说明药物的性味和功效。上自古代典故，下到民间传奇，凡是跟药相关的，没有记述不到的。就像进入了金谷之园，品种多色彩夺目；又像是登上了皇宫宝殿，宝藏全陈列在那里；像是对着玉壶、镜子，毛发都可看得清。这本书内容多但不繁杂，详细却有要点，综括核实研究得透彻，直看到事物的本质。这怎么能仅仅当医书看待呢？实在是阐述生命精湛道理的书，解释万物的大典，帝王的秘录，百姓的重宝。李时珍用心良苦，造福于人，多么的辛勤呀！像玉一样的石头不剖开，真假混淆，这样的不良风气存在太久了。所以，要辨别占满一车的巨骨，必须等待孔子；要通晓织女的支机石，必须访问卖卜的严君平。我正在写《弇州卮言》，可惜从《丹铅卮言》后就没有人了，多么幸运能看到这部书哇！这部书藏在深山石洞中不恰当，何不把它刻印出来，以供天下后世钻研，就像扬雄研著的《太玄经》一样呢？

名匠之光

李时珍（1518—1593），字东璧，号濒湖，蕲州（今湖北省蕲春县）人。中国古代伟大的医学家、药物学家。与"医圣"万密斋齐名，古有"万密斋的方，李时珍的药"之说。后为楚王府奉祠正、皇家太医院判。

李时珍出身于世医家庭，从小就喜爱医药，立志悬壶济世。他考察历代有关医药及其学术著作八百余种，结合自身经验和调查研究，历时27年编成《本草纲目》一书。《本草纲目》是我国古代药物学的总结性巨著，也是人类历史上一座属于中国人的伟大智慧丰碑，在国内外均有很高的评价，已有几种文字的译本。

自明代以来，人们通过各种方式纪念李时珍及其仁术救人、求实创新、实事求是、无私奉献的宝贵精神，如顾景星主编的《蕲州志》为李时珍立传。中华人民共和国成立以后，70多年来，以湖北蕲春为中心，全国出现了大量研究李时珍的学术与文艺作品。譬如，电视剧《大明医圣李时珍》（2009）、黄梅戏《李时珍》在国家大剧院上演（2013）；在当下出版业界，李时珍亦可谓"遍布群书"，关于其人其业的出版物不胜枚举。

匠心
传承

中医行业的发展与传承,历经数千年风雨,至今仍然熠熠生辉。在现代社会,中医在继承古老智慧的同时,不断与现代医学结合,焕发出新的生机和活力。同时,其蕴含的工匠精神也得以传承和发扬。

在传承方面,中医行业一直秉持着师承相传的传统。比如,国家级非物质文化遗产项目"中医诊法(张一帖内科疗法)"代表性传承人张舜华在年过八旬的时候,依然坚持每周出诊,将张氏内科疗法传授给更多年轻人。这种传统的师徒制度,使得中医的技艺和经验得以口口相传,延续至今。

同时,中医也在与时俱进。它积极拥抱现代科技,通过临床实践和科学研究,推动中医理论和治疗方法的创新。2005 年,中国中医科学院与相关企业合作,成功开发出中医脉象诊断系统,实现了中医脉象的数字化和客观化,大大提高了中医诊疗的准确性和效率。近年来,中医在肿瘤治疗领域也取得了显著的进展。中医强调整体观念和个体化治疗,通过中药、针灸、气功等多种手段,提高患者的免疫力,减轻化疗、放疗的不良反应,提高患者的生存质量。在新冠疫情期间,中医的清肺排毒汤等方剂被广泛用于治疗,取得了良好的效果。这不仅证明了中医理论的独特价值,也展示了中医行业在创新和发展方面的活力。这些创新的实践,让中医在现代医学体系中找到了自己的位置。

在中医行业中,工匠精神的体现尤为明显。工匠精神强调对技艺的精益求精、对患者的高度负责和对医学事业的执着追求。

在新冠疫情期间,中医行业所蕴含的工匠精神得到了充分的体现——许多中医医生不辞辛劳,夜以继日地工作,用他们的专业知识和技能为抗击疫情做出了巨大的贡献。以张伯礼院士为例,他在新冠疫情期间前往武汉,指导中医药的救治工作。他带领团队深入研究新冠病毒的特点,结合中医理论,研究并推广中医药治疗方案，为全球疫情防控贡献了中国智慧和力量。他们的工作精神和对患者的关心深深地感染了每一位参与救治的医生和患者。

近年来，中医的国际影响力也日益提升。1972年，屠呦呦带领团队成功提取出青蒿素，这一重大发现为中医药在国际上被认可奠定了坚实基础。2010年，中医针灸被列入世界人类非物质文化遗产代表作名录，标志着中医的国际地位得到了进一步认可。此外，中医药在国际上的认知度和接受度也不断提高，许多国家和地区开始将中医药纳入其医疗体系。

在当今社会，中医文化仍然具有不可替代的价值。这些中医名人的事迹与成就，中医的传承与发展，对于我们重新认识中医、振兴中医事业、推动中医与现代医学相结合等，都具有重要的启示意义。

第十单元
珍馐美馔（厨艺美食）

单元
导读

　　在中华民族灿烂的文化宝库中，"吃"毫无疑问是其中极具烟火气息的主题之一。"吃"由最初的满足生存需要到形成蔚为大观的饮食文化，经历了几个关键发展期。其源头可上溯至新石器时代；先秦时代则确立了"饭−菜"的饮食原则；汉朝使者张骞开辟丝绸之路，带回域外作物，大大丰富了中国人的饮食；唐代重视时令饮食，推动我国饮食文化向前迈了一大步；在宋代，饮食文化的发展达到了高峰，丰富的饮食品种、通宵达旦的夜市造就了宋朝鼎盛辉煌的饮食业；明清时期，引入了大量美洲作物，进一步拓宽了食材的选择范围。中国饮食文化在不断发展的进程中显现出巨大的包容性，同时又彰显出鲜明的民族共同习惯和记忆。小小的"菜篮子"，不仅是维持生命所必需的，更是关乎百姓幸福指数和社会长治久安的大工程。

本单元撷取了"酒神"仪狄、烹饪祖师伊尹、名厨庖丁、"厨神"易牙和东坡肉原创者苏轼的故事，他们个个厨艺精湛，有的创造出新的饮食品种，有的将寻常饮食文化上升到为政、养身、处世的高度。他们用勤劳与智慧为我国人民烹制了一道道色香味俱全的美味佳肴，同时又大大丰富了我国饮食文化的意蕴内涵与精神品格。

经典选读

仪 狄

（一）

【原文】

汝南①应野多酒事。仪狄造酒汝海之南，应邑之野，取其水耳。

——《星野图考》

【注释】

①汝南：史籍记载，古时候汝河流经汝州的一段被称为汝海。汝海之南，就是汝河南岸。

【译文】

汝南郡应县地区有很多酿酒的事。仪狄在汝海之南，应邑的田野里，取那里的水来酿酒。

（二）

【原文】

仪狄始作酒醪①，变五味，少康②作秫酒③。

——佚名《世本》

【注释】

①醪(láo)：一种糯米发酵而成的酒糟，性温软，其味甜。

②少康：生卒年不详，姒相之子，夏朝第六代君主。一说少康即相传曾造酒的杜康。

③秫(shú)酒：指用秫(又称高粱)酿造的酒。

【译文】

仪狄第一个用糯米发酵的方法酿造酒，他改良了酒的味道，使酒具有了五种味道。后来少康在仪狄的基础上用高粱酿造酒。

(三)

【原文】

酒之所兴，肇自上皇，或云仪狄，一曰杜康。有饭不尽，委①以空桑，郁积成味，久蓄气芳，本出于此，不由奇方。

——江统《酒诰》

【注释】

①委：本义指储存粮食，这里引申为堆积。

【译文】

酒的兴起，开始于远古的上皇，也有说开始于仪狄，或杜康。吃饭的时候吃不完，把剩余的食物放在空的桑树洞里，堆积、存放的时间长了，就产生芳香的气味，这便是酒的起源，并不是什么奇特的方子。

(四)

【原文】

帝女令仪狄作酒而美①，进之禹，禹饮而甘②之，遂疏仪狄，绝旨③酒，曰："后世必有以酒亡其国者。"

——刘向《战国策·魏策》

【注释】

①美：以……为美，意动用法。

②甘：以……为甘，意动用法。

③旨：味道甘美。

【译文】

帝女命令仪狄去监造酿酒，仪狄经过一番努力，做出来的酒味道很好，于是奉献给禹品尝。禹喝了之后，觉得味道的确很好，就疏远了仪狄，拒绝喝美酒，他说："后世一定会有因为饮酒亡国的。"

名匠之光

仪狄，虞舜的后人，相传为夏禹时期造酒者，被后世奉为酒神、酒祖。

上古三皇五帝的时候，民间就流行着各种各样的酿酒方法，仪狄融合多种方法之长，历经多次试验和改良，终成质地优良、别具风味的酒醪。仪狄酿造醇美之酒，距今已有4000余年，在《吕氏春秋》《战国策》等先秦典籍中均有"仪狄作酒而美""始作酒醪"的记载。典籍中也流传着"仪狄始作酒醪""少康作秫酒"的说法。意思是说，仪狄第一个用糯米发酵的方法酿造酒，少康则用高粱酿造酒。

可见，仪狄和少康皆为酒的酿造和发展做出了巨大贡献，他们用不同的原料和工艺酿造出不同口味的酒。从他们身上折射出我国古代工匠崇尚劳动、敢于创新的精神。从仪狄、少康肇始，后世工匠探索出用大米、小麦、玉米、大麦、青稞等原料制作各类酒的方法。从此，酒，如同一条涓涓细流，流进中华民族千万普通百姓之家，人们感受着适度饮酒带来的好处：舒筋活络、消除疲劳、提振精神……同时，酒也汇入中华民族文化的发展之中，与中华饮食文化、礼仪文化、诗歌文化等相互交融、不可分割，数千年醇香不改。特别是酒与诗，如中华文明中的两颗璀璨明珠，交相映照，熠熠生辉于中国历史长河中，令代代中华儿女不仅能惬意地享受舌尖美味，还能沉醉于诗歌创造的美妙意境中。

经典选读

伊 尹

（一）

【原文】

昔有莘氏女，采桑于伊川①，得婴儿于空桑中，言其母孕于伊水之滨，梦神

186

告之曰:"臼水出而东走。"母明视,而见臼水出焉,告其邻居而走,顾望其邑,咸为水矣。其母化为空桑,子在其中矣。莘女取而献之,命养于庖,长而有贤德,殷以为尹,曰伊尹也。

——郦道元《水经注·伊水篇》

【注释】

①采桑于伊川:状语后置句,"于伊川采桑"。

【译文】

从前有莘氏的一个女子在伊川采桑,在桑树的树洞中得到一个婴儿,(有人)说她母亲怀孕的时候住在伊水岸边,梦中得到神的启示说:"(如果)你看见臼从水中浮出来就往东跑,不要回头。"第二天,她真的看见臼浮出水面,于是一边赶紧把神向她说的话告诉邻居们,一边照着神的吩咐向东跑去,她忍不住回望故乡,只见家园已经淹没在一片白茫茫的大水里。伊尹的母亲也变成了一株空心的桑树,婴儿就在里面。那个采桑女把他取出来献给国君,国君叫厨师把他养大,他长大后很有贤德,殷国让他当官,叫作伊尹。

(二)

【原文】

殷之兴也,伊挚①在夏。

——《孙子兵法·用间篇》

【注释】

①伊挚:指伊尹,商朝杰出的政治家、思想家。

【译文】

商朝的兴起,是由于重用了在夏为臣的伊尹。

(三)

【原文】

伊尹名阿衡。阿衡欲奸①汤而无由,乃为有莘氏媵臣,负鼎俎②,以滋味说汤,致于王道。

——司马迁《史记·殷本纪》

【注释】

①奸(gān):此指求见。

②鼎俎：古代祭祀、燕飨时陈置牲体或其他食物的礼器。

【译文】

伊尹名叫阿衡。阿衡想求见成汤，却找不到途径，就做了有莘氏女子陪嫁的男仆，背着鼎和砧板来见汤，通过滋味来游说成汤，使成汤致力实施王道政治。

（四）

【原文】

汤得伊尹，祓①之于庙，爝②以爟火③，衅④以牺豭⑤。明日，设朝而见之，说汤以至味。汤曰："可对⑥而为乎？"对曰："君之国小，不足以具之，为天子然后可具。夫三群之虫⑦，水居者腥，肉玃者臊，草食者膻，臭恶犹美，皆有所以。凡味之本，水最为始，五味三材⑧，九沸九变，火为之纪⑨。时疾时徐，灭腥去臊除膻，必以其胜，无失其理。调和之事，必以甘酸苦辛咸，先后多少，其齐⑩甚微，皆有自起。鼎中之变，精妙微纤，口弗能言，志不能喻。若射御之微，阴阳之化，四时之数⑪。故久而不弊，熟而不烂，甘而不哝⑫，酸而不酷，咸而不减⑬，辛而不烈，淡而不薄，肥而不脁。"

——吕不韦《吕氏春秋·孝行览》

【注释】

①祓(fú)：一种除灾求福的祭祀仪式。

②爝(jué)：烧苇草以祛除不祥。

③爟(guàn)火：古时谓祓除不祥的火。

④衅：杀牲涂血。

⑤牺豭(jiā)：祭祀用的纯色雄猪。

⑥对：毕沅校本为"得"，从其说。

⑦虫：指动物。

⑧五味三材：指酸、甜、苦、辣、咸和水、木、火。

⑨纪：调节。

⑩齐：通"剂"，调剂，将调料调配在一起。

⑪四时之数：四季的变化。

⑫哝：味深，指甜得过分。

⑬减：减损。

【译文】

汤得到了伊尹，在宗庙为伊尹举行除灾祛邪的仪式，点燃了莘草以祛除不祥，杀牲涂血以消灾辟邪。第二天上朝君臣相见，伊尹与汤说起天下最好的味道。汤说："可以得到并制作这些美味吗?"伊尹回答说："您的国家小，不足以具备这些东西，当了天子，然后才可具备。三类动物，生活在水里的腥，吃肉的臊，吃草的膻。气味不好的仍然可以使之变好，这些都各有它们内在的原因。调和味道的根本，首先在于用水。五种味道，三种材料，多次煮沸，多次变化，火是关键。火时而炽热，时而微弱，一定要用火除去腥味、臊味、膻味，但火候要适中。调和味道，必定要用甜酸苦辣咸。先放后放，放多放少，调料的剂量很小，这些都有一定的规定。鼎中味道的变化，精妙微细，既不能言传，又不能意会，就如同射技御技的精微、阴阳二气的交合、四季的变化一样。所以，时间长，但不毁坏；做得熟，但不超过火候；甜，但不过度；酸，但不过分；咸，但不减损原味；辣，但不浓烈；清淡，但不过于寡味；肥，但不腻。"

名匠之光

伊尹，名挚，生于伊水，官名为"尹"，故名，夏末商初人。伊尹一生充满传奇色彩。他幼时被夏末有莘国国君的厨师收养，原本只是个做饭的奴隶，但他聪慧善思，练就了精湛的烹调技艺，并借此进阶到商朝统治阶层，辅佐商汤王建立商朝。故伊尹拥有多项头衔：开国元勋、名相、帝师、厨圣、食祖……

伊尹在商为臣的过程中，以厨技作比喻，劝导商王将眼光放长远，广纳贤才，以仁义治天下，这就是历史上著名的伊尹"说汤以至味"。伊尹以美味来说治国之理，共包括五个层次：一是要成为天子，才能得到广博繁盛的食材资源。二是取料贵精，无论肉、鱼、菜、果、粮、水都要取上乘精品。三是厨师的最高技艺在于调和味道，即使酸、甜、苦、辣、咸的各种调料用料很少，也要讲究先后、多少，各尽其功，扬长避短。四是至味（美味）是有标准的，要掌握好甜、酸、咸、辣、苦的度。五是将厨师烹调美味引申至圣人治理天下。

伊尹此番言说，虽然主要意图在于以生活为喻，以小见大，向商汤宣扬自己的政治主张，但从中也显现出伊尹在烹饪方面高深的造诣。他创立的五味调和说与火候论，至今仍是我国烹饪的不变之规。

经典选读

庖 丁

（一）

【原文】

庖丁①为文惠君②解牛③，手之所触，肩之所倚，足之所履，膝之所踦④，砉⑤然向⑥然，奏刀⑦騞⑧然，莫不中音⑨。合于《桑林》⑩之舞，乃中《经首》⑪之会⑫。

文惠君曰："嘻，善哉！技盖⑬至此乎？"

庖丁释刀对曰："臣之所好者，道也，进⑭乎技矣。始臣之解牛之时，所见无非牛⑮者。三年之后，未尝见全牛也。方今之时，臣以神遇⑯而不以目视，官知止而神欲行。依乎天理⑰，批大郤⑱，导大窾⑲，因其固然⑳。技经㉑肯㉒綮㉓之未尝，而况大軱㉔乎！良庖岁更刀，割㉕也；族㉖庖月更刀，折㉗也。今臣之刀十九年矣，所解数千牛矣，而刀刃若新发㉘于硎㉙。彼节者有间，而刀刃者无厚㉚。以无厚入有间，恢恢乎㉛其于游刃必有余地矣，是以十九年而刀刃若新发于硎。虽然，每至于族㉜，吾见其难为，怵然㉝为戒㉞，视为止，行为迟。动刀甚微，謋㉟然已解，如土委地㊱。提刀而立，为之四顾，为之踌躇满志，善㊲刀而藏之。"

文惠君曰："善哉！吾闻庖丁之言，得养生焉。"

——《庄子·养生主》

【注释】

①庖（páo）丁：名为丁的厨工。先秦古书往往把职业放在人名前。

②文惠君：梁惠王，也称魏惠王。

③解牛：宰牛。这里指把整个牛体开剥分剖。

④踦(yǐ)：触，抵住。这里指用一条腿的膝盖顶牛。

⑤砉(xū)：象声词，皮骨相离的声音。

⑥向：通"响"。

⑦奏刀：进刀。

⑧騞(huō)：象声词，破裂声。

⑨中(zhòng)音：合乎音乐节拍。

⑩《桑林》：传说中商汤时的乐曲名。

⑪《经首》：传说中尧乐曲《咸池》中的一章。

⑫会：指节奏。

⑬盖(hé)：通"盍"，何，怎样。

⑭进：超过。

⑮无非牛：没有不是完整的牛。一作"无非全牛"。

⑯神遇：用心神和牛体接触。神，精神，指思维活动。遇，合，接触。

⑰天理：指牛的生理上的天然结构。

⑱批大郤：击入大的缝隙。批，击。

⑲导大窾(kuǎn)：顺着(骨节间的)空处进刀。

⑳固然：指牛体本来的结构。

㉑技经：犹言经络。技，据俞樾考证，当是"枝"字之误，指支脉。经，经脉。

㉒肯：紧附在骨上的肉。

㉓綮(qìng)：筋肉聚结处。

㉔觚(gū)：股部的大骨。

㉕割：这里指生割硬砍。

㉖族：众，指一般的。

㉗折：用刀折骨。

㉘发：出。

㉙硎(xíng)：磨刀石。

㉚无厚：没有厚度，非常薄。

㉛恢恢乎：宽绰的样子。

㉜族：指筋骨交错聚结处。

㉝怵(chù)然：警惧的样子。

㉞为戒：为之戒，因为它的缘故而警惕起来。

㉟謋(huò)：象声词，骨肉离开的声音。

㊱委地：散落在地上。

㊲善：通"缮"，修治。这里是擦拭的意思。

【译文】

有个名叫丁的厨师给文惠君宰牛。他的手接触的地方，肩膀靠着的地方，脚踩着的地方，膝盖顶住的地方，都发出砉砉的声响，刀子刺进牛体，发出破裂的声音，没有哪一种声音不合乎音律。既合乎《桑林》舞曲的节拍，又合乎《经首》乐章的节奏。

文惠君说："嘿，好哇！你的技术怎么会到这种地步呢？"

厨师丁放下刀，答道："我所喜好的，是'道'，它比技术更进一步。我开始宰牛的时候，看到的无一不是整头的牛。三年之后，就不曾再看到整头的牛了。现在呢，我用精神去接触牛，不再用眼睛看它，感官的知觉停止了，只凭精神在活动。顺着牛体天然的结构，击入大的缝隙，顺着骨节间的空处进刀，依着牛体本来的组织进行解剖。脉络相连、筋骨聚结的地方，都不曾用刀去碰过，何况那粗大的骨头呢！好的厨师，每年换一把刀，因为他们用刀割肉；一般的厨师，每月换一把刀，因为他们用刀砍断骨头。现在，我的这把刀用了十九年啦，它宰的牛有几千头了，可是刀口像刚从磨石上磨出来的一样。那牛体的骨节有空隙，刀口却薄得像没有厚度。把没有厚度似的刀口插入有空隙的骨节，宽宽绰绰的，它对于刀的运转必然是大有余地的了，因此，用了十九年，刀口却像刚刚从磨石上磨出来的一样。虽说是这样，每当遇到筋骨交错聚结的地方，我看到它难以处理，因此小心翼翼地警惕起来，目光因此集中到一点，动作因此放慢了。使刀非常轻，结果它"霍"的一声剖开了，像泥土一样散落在地上。我提着刀站起来，为此看向四周，为此我悠然自得、心满意足，把刀擦拭干净收起来。"

文惠君说："好哇！我听了庖丁的这些话，从中获得了保养身体的道理。"

名匠之光

寓言故事"庖丁解牛"出自《庄子·养生主》，讲述了一个名为丁的厨师从初学解牛到解牛技艺臻于化境的过程，原意是隐喻顺应万事万物的自然规律以养身的道理。同时，这个故事也为后世匠人提供了庖丁这一学习典范。

解牛这一行当，即使在两千多年前的先秦时期，也是一项脏活、累活、苦活，但是庖丁对自己的职业倾注了可贵的专注与执着精神。十数年来，庖丁就是做解牛这一件事，非热爱和专注不能做到如此，这与今天倡导的"干一行，爱一行"的工匠理念如出一辙。不仅如此，庖丁还把这一项苦活、蛮力活干成了巧活、艺术活。而这些离不开他对技艺精益求精的精神、追求卓越而下的苦功。庖丁最初解牛之时，"所见无非牛者"，三年之后，"未尝见全牛也"，方今之时，"以神遇而不以目视"。从这个过程可以看出，庖丁始终在琢磨如何才能更快、更巧地解剖牛体。他尤其关注细节，牛的皮相、关节、骨缝，骨架之间的大隙、大窾，他了然于胸；刀如何顺着牛体天然的结构，击入牛体的缝隙，顺着骨节间的空处推进，他胸有成竹。正是因为庖丁对解牛怀抱专注、执着、精益求精的精神，他才能做到游刃有余，臻于完美。

故事流传千年至今天，在我国传统技艺文化长廊里，庖丁早已成为古代杰出工匠的一张亮丽名片，他的职业道路和职业精神给后世无数匠人以有益启迪。

经典选读

易 牙

（一）

【原文】

齐桓公夜半不嗛[①]，易牙乃煎熬燔炙，和调五味而进之。桓公食之而饱，至旦不觉，曰："后世必有以②味亡其国者。"

——刘向《战国策·魏策》

【注释】

①嗛：通"慊"，满足。

②以：因为。

【译文】

齐桓公半夜觉得吃得不够，易牙就煎烤烧熬，做出美味可口的菜肴让国君进餐。齐桓公吃得很饱，一觉睡到大天亮，（醒来以后）说："后代一定有因贪恋美味而使国家灭亡的国君。"

（二）

【原文】

曰："若以水投水，何如？"孔子曰："淄渑之合①，易牙尝而知之。"

——《列子·说符》

【注释】

①淄渑之合：淄水和渑水皆在今山东省。相传二水味各不同，混合之则难以辨别。

【译文】

（白公）问："如果把水与水混合，会怎么样呢？"孔子说："淄水、渑水的水混合后难以辨别，只有易牙一尝就知道了。"

（三）

【原文】

狄牙之调味也，酸则沃①之以水，淡则加之以咸。水火相变易，故膳无咸淡之失也。

——王充《论衡·谴告》

【注释】

①沃：浇。

【译文】

易牙烹调的时候，味道过酸就用水来调节，过淡就用盐来调节。水与火调和使用，所以经过他烹饪的食物没有太咸或太淡的问题。

（四）

【原文】

天下之人，唯①各特意哉，然而有所共予②也。言味者予易牙，言音者予师旷③，言治者予三王。

——《荀子·大略》

【注释】

①唯：通"虽"，虽然。

②予：通"与"，赞许。

③师旷：字子野，春秋时晋国乐师，精通音律。

【译文】

天下的人，虽然各自有独特的看法，却也有共同赞许的东西。谈论美味的人都赞许易牙，谈论音乐的人都赞许师旷，谈论治理国家的人都赞许三王。

名匠之光

易牙，也称"狄牙""雍巫"，春秋时期齐桓公近臣，擅长厨艺与辨味，精于食疗和养生，在源远流长的传统饮食文化中影响深远。

易牙的味觉功能特别好，甚至能品尝出不同水流味道的细微差别。他的这种"知味"才能曾受到孔子、孟子、荀子等的推崇，比如《列子》中就记载有"淄渑之合，易牙尝而知之"的说法。这是易牙成为好厨师的重要条件。传说易牙是第一个运用调和之事操作烹饪的庖厨，王充《论衡·谴告》说易牙通过水、咸（盐）、火的调和使用，做出酸咸合宜、美味适口的菜来。又有传说称易牙第一个把烹饪和医疗结合起来，创制食物疗养菜。易牙和长卫姬结识，就是有一次长卫姬生病了，易牙以食疗菜进献长卫姬，长卫姬食后病愈，易牙以此深受齐桓公和长卫姬赏识。有道叫鱼腹藏羊肉的名菜，出自山东，相传是由易牙所创。北方水产以鲤鱼为最鲜，肉以羊肉为最鲜，此菜两鲜并用，互相搭配，色泽光润，外酥里嫩，鲜美异常。"鲜"字即由"鱼"和"羊"字合成，据说就是得自这道佳肴。

易牙一生潜心研究厨艺，敢于尝试，追求创新，跨界发展，创造出许多烹饪之法，为后世厨艺的发展留下了丰富的技法和宝贵的精神财富，被后世尊为厨界的祖师爷，享有"厨神""食神"之美誉。

经典选读

苏 轼

（一）

【原文】

净洗铛①，少著水，柴头②罨③烟焰不起。待他自熟莫催他，火候足时他自美。黄州好猪肉，价贱如泥土。贵者不肯吃，贫者不解④煮。早晨起来打两碗，饱得自家君莫管。

——苏轼《东坡全集·猪肉颂》

【注释】

①铛：锅。

②柴头：柴禾，做燃料用的柴木、杂草等。

③罨（yǎn）：掩盖，掩覆。

④解：了解。

【译文】

洗干净锅，放少许水，燃上柴木、杂草，抑制火势，用不冒火苗的虚火来煨炖。等待它自己慢慢地熟，不要催它，火候足了，它自然会滋味极美。黄州有这样好的猪肉，价钱却贱得像泥土一样。富贵人家不肯吃，贫困人家又不会煮。我早上起来打上两碗，自己吃饱了您莫要理会。

（二）

【原文】

子瞻在黄州，好自煮鱼。其法：以鲜鲫鱼或鲤治斫，冷水下，入盐如常法，以菘菜①心芼②之，仍入浑葱白数茎，不得搅。半熟，入生姜、萝卜汁及酒各少许，三物相等，调匀乃下。临熟，入橘皮线，乃食之。

——《苏轼文集·煮鱼法》

【注释】

①菘菜：俗称"白菜""青菜"，味鲜，能去腥。

②芼：青菜杂入肉中，浸盖之意。

【译文】

苏轼在黄州的时候，喜欢自己煮鱼。他的方法是把鲜鲫鱼或鲤鱼去鳞切割，冷水下鱼，按照平常的方法放入盐，把菘菜心盖在鱼上面，再放入数根葱白，不要搅拌。等到鱼半熟时，放入少许生姜、萝卜汁和料酒，三样佐料分量相等，调匀了之后才能放入。快要熟时，放入橘皮线，熟了就可以吃了。

（三）

【原文】

东坡羹，盖东坡居士所煮菜羹也。不用鱼肉五味，有自然之甘。其法以菘若蔓菁、若芦菔、若荠，皆揉洗数过，去辛苦汁。先以生油少许涂釜①缘及瓷碗，下菜沸汤中。入生米为糁②，及少生姜，以油碗覆之，不得触，触则生油气，至熟不除。其上置甑③，炊饭如常法，既不可遽覆，须生菜气出尽乃覆之。羹每沸涌，遇油辄下，又为碗所压，故终不得上。

——《东坡全集·东坡羹颂》

【注释】

①釜：锅。

②糁：谷类磨成的碎粒。

③甑（zēng）：古代炊具，底部有许多小孔，放在鬲上蒸食物。

【译文】

东坡羹，是东坡居士煮的菜羹。不用鱼、肉等荤菜，有蔬菜自然的甘甜。做羹的方法是把蔓菁、芦菔、荠等做羹材料都揉搓洗过，去掉苦汁水。先用少许生油涂在锅的边缘和瓷碗上，把洗好的菜放到沸水中。再放入生米磨成的碎粒和少许生姜，用油碗盖在上面，两者不要接触，接触就会生出油气，一直到熟不要揭开碗。上面放甑，按照一般的做饭的方法，不可以立即盖盖子，必须让菜的气味散尽才能盖。汤羹每次沸腾翻涌上来时，遇到油就会往下沉一些，又被碗压着，所以不会冒上来。

名匠之光

苏轼，字子瞻，号东坡居士，眉州眉山(今属四川)人，北宋文学家、书法家、画家，也是一位美食家。我国有许多文人与美食曾结有不解之缘，但若从热爱程度以及对古代饮食发展所做出的贡献考量，苏轼则可称之为文人与饮食融合古今第一人。

苏轼现存诗作近3000首，以饮食为本意之诗800余篇，加之言饮食之文，其饮食诗文数量之多为古诗家之冠。苏轼的这些传世之作中记载了丰富的食材，其中植物类食材有200余种，动物类食材100余种，另外还记载有菌类食材及各类调料等。苏轼在被贬谪至黄州、惠州、儋州的过程中，亲自下厨，探索出不少食物烹制方法。这在他的诗文中多有描绘。其中煨肉法、煮鱼法、熬羹法讲究文火慢烹，入味、存汁，保营养、保形态、添色彩，具有科学性和独特性，多可资今日烹饪之鉴。苏轼还提出了他的美味观念，比如什么是最纯正、最美好的食物，苏轼认为"人间无正味，美好出艰难"(《和陶西田获早稻》)，一切美好的事物都出于自己艰辛的劳动。

关于苏轼的美食故事，难以尽述。苏轼美食之于后世的意义，不仅在于丰富了食材，留传下多样化的烹饪方法，更在于他的美食中有故事、有人生、有智慧，他把认真生活、一丝不苟的态度注入一粥一饭、一汤一菜中，而这些又蕴含着他对人生的深刻感悟。于是，后人在品东坡所创菜式时，便可品尝到多重的况味。

匠心
传承

　　中华饮食历经五千年的传承与创新，走到今天，形成了包括湘菜、鲁菜、川菜、粤菜、苏菜、闽菜、浙菜和徽菜在内的八大菜系。八大菜系虽然烹饪技艺和风格各不相同，但其背后的推动者们都秉持着共同的工匠精神，那就是专注执着、踏实肯干、精益求精、敢于创新。

　　在长沙人的家门口，坐落着一家百年湘菜名店——玉楼东。玉楼东被誉为正宗湘菜发源地，素有湘菜"黄埔军校"之称，这里堪称培育湘菜大师的摇篮，走出过谭奚庭、舒桂卿、许菊云、李焱、文茂等老一辈和年轻一辈湘菜大师。这些大师个个手上功夫了得，各自拥有享誉全国的代表作。其中的许菊云师傅，被授予"湘菜大师""中国烹饪大师"等称号，代表菜品有柴把鳜鱼、双味太极里脊丝、鸡汁透味参鲍等。1978年长沙市举行烹饪技术比赛，时年30岁的许菊云师傅表演制作了麻辣仔鸡，整道菜的完成仅用时2分55秒，刷新了湖南厨师纪录并摘得大赛桂冠。1984年，许菊云师傅被选派参加第二届全国烹饪技术大赛，夺得一金、二银、一铜四块奖牌。这些耀眼成绩的背后，是许菊云师傅多年对厨房方寸土地的坚守和他对烹饪手艺提升的不懈追求。许菊云师傅16岁进入湘菜名店"火官殿"做学徒，师从湘菜名师毛寿松，他每天从早上六点开始干到晚上十点，一直勤奋苦学。在1978年的赛事中，为了提高杀鸡成菜的速度，许菊云师傅晚上八点下班，练到次日凌晨两点，每天杀鸡十只以上。正是这样坚持不懈地刻苦练习，成就了许菊云师傅扎实的基本功，使他能够超越对手成功成为行业翘楚。许菊云师傅有句名言："厨艺是永远学不完的，我做了50年还在学。"这就是一名优秀匠师表现出的对技艺勇攀卓越、永不满足的精神品格！

　　在当代生活中，像许菊云师傅这样的杰出匠人还有很多很多，他们以技术成就品质，以匠心铸就辉煌，共同托举我国人民美好、幸福生活的愿望。

今天的中职学生可以从这些前辈身上得到职业发展的启迪和信心。一粒米，一碗粥，看似寻常，却能烩制千家万户的幸福。任何一个职业，任何一项技能，都有不断探索前进的空间，都有为人民群众谋幸福的价值，我们所要传承的就是历代工匠们执着专注、精益求精、一丝不苟、追求卓越的伟大精神。在可为时代，用我们的技艺、我们的精神做有为青年，在实现中华民族伟大复兴中国梦的进程中书写出彩人生！

参考文献

[1] 闻人军. 考工记译注[M]. 上海：上海古籍出版社，2021.

[2] 詹船海. 典籍里的中国工匠[M]. 上海：上海科技教育出版社，2021.

[3] 刘安. 淮南子[M]. 许慎，注. 陈广忠，校点. 上海：上海古籍出版社，2016.

[4] 司马迁. 史记[M]. 陈曦，周旻，等注. 陈曦，王珏，王晓东，等译. 北京：中华
书局，2022.

[5] 皇甫谧. 帝王世纪[M]. 济南：齐鲁书社，2010.

[6] 管子[M]. 李山，轩新丽，译注. 北京：中华书局，2019.

[7] 刘安. 淮南子[M]. 阮青，注释. 北京：华夏出版社，2000.

[8] 胡贝贝.《庄子·人间世》研究[D]. 郑州：河南大学，2023.

[9] 崔明清.《墨子》法律观研究[D]. 哈尔滨：黑龙江大学，2024.

[10] 钟书林. 才高而淡静　科学见妙思——《后汉书·张衡列传》解读[J]. 名作欣赏，
2024(22)：66-68.

[11] 傅玄. 马先生传(节选)[J]. 中学生阅读(高中版)(上半月)，2023(6)：28.

[12] 李昉，李穆，徐铉，等. 太平御览[M]. 2版. 石家庄：河北教育出版社，1994.

[13] 陈寿. 三国志[M]. 陈乃乾，校点. 北京：中华书局，1959.

[14] 史仲文，胡晓林. 中国全史[M]. 北京：中国书籍出版社，2011.

[15] 闻人军. 考工记导读[M]. 北京：中国国际广播出版社，2008.

[16] 冀昀. 吕氏春秋[M]. 北京：线装书局，2007.

[17] 周高起. 阳羡茗壶系[M]. 北京：中华书局，2012.

[18] 王世贞. 觚不觚录[M]. 台北：台湾商务印书馆，1966.

[19] 刘向. 列仙传[M]. 钱卫语，释. 北京：学苑出版社，1998.

[20] 高濂. 遵生八笺·燕闲清赏笺[M]. 扬州：广陵书社，2018.

[21] 袁珂. 中国古代神话[M]. 上海：华东师范大学出版社，2017.

[22] 符震，苏海鸥. 黎族民间故事集[M]. 广州：花城出版社，1982.

[23] 任珈莹. 中国古代印刷技术及其世界影响探究[D]. 哈尔滨：哈尔滨师范大学，2021.

[24] 徐忆农. 东亚雕版印刷术的源流与世界历史价值[J]. 新世纪图书馆，2019(2)：35-44.

[25] 田建平. 关于毕昇及其活字印刷术[J]. 宋史研究论丛，2006(00)：402-416.

[26] 曹之. 中国印刷术的起源[M]. 2版. 武汉：武汉大学出版社，2015.

[27] 曹阳. 汉画天象图研究[D]. 西安：陕西师范大学，2019.

[28] 王沐萱. 《星空的琴弦》——中国古代天文学思想[J]. 百科探秘(航空航天)，2019(9)：45-47.

[29] 陈典. 凝望苍穹4000年——中国古代天文学小史[J]. 知识就是力量，2023(4)：42-45.

[30] 付丽莎，杜盈娇，张琦. 航天精神涵育时代新人的"理"与"路"[J]. 北京航空航天大学学报(社会科学版)，2023，36(4)：8-12.

[31] 王振铎. 中国古代文化[M]. 北京：华夏出版社，2022.

[32] 陈悦，包伯航，唐纯志. 《史记·扁鹊仓公列传》"外三阳五会"新考[J]. 中医药导报，2023，29(9)：229-231.

[33] 丛雨萌，吴晓铃. 天回医简　或是失传的扁鹊医书[N]. 四川日报，2023-04-21(5).

[34] 张文娟. 《后汉书·华佗传》释译[J]. 中国中医药现代远程教育，2011，10(1)：163-165.

[35] 方文辉. 孙思邈传译释[J]. 新中医，1987(9)：41-43.

[36] 刘庆海. 《三国志·华佗传》"以医见业"献疑[J]. 黄山学院学报，2023，25(2)：97-100.

[37] 刘向. 战国策[M]. 缪文远，罗永莲，缪伟，译注. 北京：中华书局，2006.

[38] 郦道元. 水经注[M]. 陈桥驿，译注. 王东，补注. 北京：中华书局，2009.

[39] 孙武. 孙子兵法[M]. 陈曦，译注. 北京：中华书局，2011.

[40] 苏轼. 苏轼文集[M]. 孔凡礼，点校. 北京：中华书局，1986.

[41] 吕不韦. 吕氏春秋[M]. 高诱，注. 上海：上海古籍出版社，1989.

[42] 庄子[M]. 王先谦，集解. 方勇，校点. 上海：上海古籍出版社，2013.